Royat
Clermont ⁑

& LEURS ENVIRONS

GUIDE PRATIQUE

DU PROMENEUR A PIED

(Complément de la Carte au vingt-millième)

PAR

A. BOULLE & Th. MICHELON

DÉPOSITAIRE GÉNÉRAL :

A. BOULLE, 19, Avenue de Royat

A CHAMALIÈRES, près Clermont-Ferrand

PRIX : 1 fr. 50

Royat, Clermont
& leurs Environs

✦✦ Royat
Clermont ✦

EURS ENVIRONS

GUIDE PRATIQUE

DU PROMENEUR A PIED

(Complément de la Carte au vingt-millième)

PAR

A. BOULLE & Th. MICHELON

DÉPOSITAIRE GÉNÉRAL :

A. BOULLE, 19, Avenue de Royat

A CHAMALIÈRES, près Clermont-Ferrand

AVANT-PROPOS

Le Guide que nous offrons au public est le complément naturel de la Carte au vingt-millième intitulée ROYAT ET SES ENVIRONS. *L'un et l'autre sont faits pour le promeneur à pied, pour le Touriste qui veut employer quelques heures à des excursions dont il fixera lui-même l'itinéraire et la durée.*

La Carte ne se contente pas d'indiquer

les routes bien entretenues, à l'usage des voitures et des cyclistes ; elle montre lisiblement les chemins ruraux, les sentiers mêmes, qui sillonnent les beaux environs de Clermont et de Royat.

Le Guide permet d'utiliser aisément les indications fournies par la Carte. Il propose aux promeneurs une vingtaine d'excursions faciles, qui ne leur prendront que juste le temps dont ils voudront disposer, depuis une heure ou deux jusqu'à la journée entière. De plus, cet ouvrage donne tous les renseignements désirables sur les points intéressants de la région qu'il s'agit de parcourir, ainsi que sur les sources minérales de Royat et l'établissement thermal.

Le présent livre n'a point la prétention de remplacer les Guides publiés sur l'Auvergne par divers auteurs. Mais ces ouvrages embrassent une vaste contrée : il leur faut donc généraliser leurs indications et négliger les détails locaux. Notre Guide, lui, qui ne s'occupe que d'une région très-limitée, peut à son aise développer et préciser les renseignements qu'il donne.

Si cette région est peu étendue, en revanche elle montre dans ses aspects une variété extrême. Le promeneur, charmé, s'étonne qu'une excursion qui a demandé si peu d'heures lui ait permis de voir défiler un si grand nombre de paysages, surgir tant de nouveaux décors, se dérouler d'aussi grandioses panoramas.

Aussi les environs de Clermont et de Royat attireront-ils de plus en plus les touristes. Celui qui les a parcourus en garde un inoubliable souvenir ; il veut les revoir, et, lorsqu'il en parle, c'est avec un tel sentiment d'admiration, que les personnes qui l'écoutent sont prises, elles aussi, d'un vif désir de visiter ces belles contrées.

Royat
et ses Environs ·······

Première Partie

Itinéraires d'Excursions à pied

Le touriste qui n'a aucune habitude des promenades dans les pays montagneux s'effraie parfois à la perspective des fatigues qui, lui semble-t-il, doivent résulter de ces nombreuses montées ou descentes, de ces chemins qui serpentent au milieu des plus divers accidents de terrain. Qu'il se rassure : ces fatigues n'ont rien d'excessif, et elles sont amplement rachetées par le plaisir qui naît de la vue de pittoresques paysages, et par le sentiment de bien-être qui suit le salutaire exercice de la marche dans une contrée à l'air balsamique et vivifiant.

D'ailleurs ces chemins ruraux, ces sentiers de montagnes, ne sont pas, en général, aussi caillouteux qu'on se l'imagine. Souvent même ils sont gazonnés et, par conséquent, plus doux à suivre que des allées de parc.

Quelques conseils pratiques :

Il faut d'abord avoir une chaussure solide, à forte semelle, et où le pied soit à l'aise.

Pour gravir sans fatigue sérieuse les plus raides montées, on doit : 1° aller lentement ; 2° faire d'assez grandes enjambées ; 3° porter légèrement les épaules en avant ; 4° s'appuyer sur une canne.

Les descentes sont parfois plus pénibles que les montées. Là encore il faut aller lentement, et l'on doit choisir avec attention la place où le pied se posera.

Excursions demandant la journée entière

1. — Le puy de Dôme

PAS un touriste, pas un baigneur de Royat qui ne se propose de visiter au moins une fois le puy de Dôme. C'est l'excursion classique. En landau ou en *car* elle est très-facile. Mais un marcheur ordinaire peut aussi la faire à pied, en y consacrant la journée entière. Et il y prendra plus de plaisir qu'en voiture, car il pourra varier son itinéraire et choisir des chemins d'où il jouira de la vue de beaux paysages. Nul besoin d'ailleurs de s'embarrasser de provisions : on trouvera des restaurants, soit au sommet du puy, soit au pied, à l'endroit appelé le Col de Ceyssat [1].

Pour se rendre de Royat au puy de Dôme on peut suivre, à son gré, la route carrossable

---

[1] Voir aux Annonces, page 3.

qui serpente au fond de la vallée de la Tiretaine,
ou bien le chemin dit *des Plateaux,* qui va du
puy Chasteix à la Font-de-l'Arbre. C'est ce
dernier itinéraire que nous recommandons, en
raison de son pittoresque et de la vue dont il
permet de jouir.

Il est bon de partir assez matin, afin d'arriver
au col de Ceyssat avant la forte chaleur.

On suit d'abord la route de la Vallée, qui
prolonge l'avenue de Royat, et l'on prend, un
peu avant le pont sur la Tiretaine, le chemin
rural qui monte à droite : un poteau du club
alpin en indique l'origine. On prend ensuite le
premier chemin à gauche, à l'angle d'une maison ; on le suit tout droit, en laissant à gauche
le sentier qui tourne dans les prés. Là, la grim-
pée est assez rude, mais elle dure peu, et c'est
la seule vraiment fatigante que l'on aura à subir
jusqu'au pied du puy de Dôme. On prend
ensuite à gauche le chemin des Plateaux, qui
va vers Fontanas. — Les personnes qui vou-
draient une montée plus douce peuvent contourner le puy Chasteix en suivant le chemin qui
passe devant le restaurant de l'Observatoire :

elles retrouveront le chemin montueux dont nous venons de parler, à une bifurcation marquée par un poteau du club alpin.

Le chemin des Plateaux est généralement bien tracé ; il est en rampe douce et permet d'examiner, sous leurs divers aspects, le vieux et le nouveau Royat, ainsi que toute la vallée haute de la Tiretaine.

A un kilomètre environ du puy Chasteix, on laisse à droite le chemin de Villars, marqué par un poteau du club alpin. Deux kilomètres plus loin, on rencontre, — aussi sur la droite, — un chemin menant à Villars, puis, peu après, un autre conduisant au Cheix. On continue tout droit, et l'on arrive bientôt au village de Fontanas. Là, ne pas oublier de visiter les curieuses sources de la Tiretaine : elles sont situées à une centaine de mètres du chemin, sur la gauche, et la première personne rencontrée les indiquera.

Un peu plus loin, près du hameau de la Font-de-l'Arbre, on rejoint la route carrossable qui vient de Royat. C'est cette route que l'on suivra jusqu'au col de Ceyssat.

On se trouve alors sur le vaste plateau basaltique qui supporte la chaîne des anciens volcans, et déjà l'on peut contempler le puy de Dôme dans son imposant ensemble.

Sur la gauche, à quelques centaines de mètres, se voient les ruines du donjon de Mont-Rodeix, démoli par Pépin-le-Bref.

Au col de Ceyssat, on trouve le chemin en lacets qui conduit au sommet du puy de Dôme, — chemin assez bien tracé pour pouvoir être suivi à cheval et même en voiture légère. La montée à pied se fait donc sans fatigue sérieuse ; elle dure à peu près une heure.

Au sommet du puy (1465 mètres au-dessus de la mer) on visite les ruines du temple de Mercure, l'observatoire, le poste télégraphique ouvert au public ; (beaucoup de touristes se plaisent à envoyer de là une dépêche à leurs amis). On admire le merveilleux panorama qui fait le tour complet de l'horizon : car ici la vue n'est point bornée, comme dans la plupart des pays de montagnes, par le voisinage de monts presque aussi élevés que celui sur lequel on se trouve. On examine à la lorgnette les curieux cratères de la chaîne des Dômes. Enfin on essaye d'apercevoir le Mont-Blanc, si l'état de l'atmosphère s'y prête.

On peut redescendre, du côté opposé au chemin en lacets, vers le cratère appelé *Nid de la Poule,* par un sentier qui est probablement l'ancien chemin que suivaient les Gallo-Romains pour monter au temple. Mais, sur divers points, ce sentier a été raviné par les pluies ; il n'est guère praticable que pour les alpinistes déterminés.

Retour à Royat par la route carrossable qui passe à la Font-de-l'Arbre, à Fontanas, et suit la vallée de la Tiretaine.

2. — Le puy de Pariou

On suit la route de la Vallée, qui forme le prolongement de l'avenue de Royat et, un peu avant le pont sur la Tiretaine, on prend à droite le chemin rural qui monte vers le puy Chasteix (poteau du club alpin). On prend ensuite à l'angle d'une maison le premier chemin à gauche, dont la montée est assez raide ;

puis, arrivé à un autre poteau du club alpin, on s'engage à gauche dans le chemin des Plateaux. On peut aussi contourner le puy Chasteix jusqu'au dit poteau ; la rampe est plus douce.

Il s'agit de gagner d'abord la Baraque, groupe de maisons situé à l'angle de la route de Laqueuille et de celle de Pontgibaud : on peut, soit prendre le chemin de Villars qui s'embranche à droite sur le chemin des Plateaux (poteau du club alpin), à un kilomètre environ du puy Chasteix, soit prendre près de Fontanas, à droite, le chemin qui passe au hameau du Cheix. Le temps employé est à peu près le même, et ces chemins, en montée très douce, traversent l'un et l'autre une pittoresque campagne.

De la Baraque on suit la route de Pontgibaud pour se rendre à la Fontaine du Berger. On pourra déjeûner dans l'une des auberges de ce dernier hameau.

Pour aller de la Fontaine du Berger au puy de Parion, on prend le chemin qui passe devant les baraquements militaires et on le suit jusqu'aux premières rampes du puy. Pour l'ascension du Pariou, il n'existe point de sentier régulièrement tracé, mais la marche est facile dans l'herbe courte, et la montée n'a rien de bien pénible.

Le cratère est très-remarquable ; il a près d'un kilomètre de circuit et s'ouvre sur 80 mètres de profondeur. C'est le plus beau de la chaîne des anciens volcans. Ses flancs réguliers sont tapissés de verdure, que paissent chèvres ou brebis. Il a vraiment la forme de la coupe antique (*cratera*). Il fait aussi songer à un cirque immense où les spectateurs pourraient s'asseoir par centaines de mille.

La coulée de lave du Pariou s'est épanchée, disent les géologues, par un autre cratère situé à la partie inférieure du puy. Cette coulée (ou *cheyre*) est très-importante. Elle a envahi les pentes du plateau jusqu'à la Baraque ; là, elle s'est divisée en deux branches : l'une est descendue jusqu'à Chamalières et l'autre jusqu'au-delà du village de Durtol.

Pour rentrer à Royat, on peut regagner directement la route de Pontgibaud, mais il

est plus intéressant de suivre le sommet du
coteau appelé *le Traversin*, de passer près du
cratère dit le *Nid de la Poule,* et de redescendre vers la route de Royat par les pentes
du *petit puy de Dôme.* Pour ce trajet il
n'existe guère de sentiers bien tracés, mais on
s'en passe aisément dans ces terrains incultes.

Arrivé près de Fontanas, on peut suivre,
soit le chemin des Plateaux, soit la route
carrossable de la vallée de la Tiretaine.

3. — Bonabry — Le Gressigny — Orcines

Pour cette excursion, nous conseillons aux
touristes de se rendre à Durtol en chemin de
fer. On s'élève ainsi de 150 mètres sans, pour
ainsi dire, s'en apercevoir.

On prend le train qui part de Royat en été à
9 heures et quelques minutes du matin. En
quittant la station de Durtol, on suit la route à
gauche, puis, après le café de la gare et presque en face le pont sous le chemin de fer, on
prend le chemin rural qui tourne à droite. Il

est en rampe assez douce et bordé d'arbustes variés. On le suit directement ; on laisse à droite, à 500 mètres de la route, un chemin qui descend vers les prés et n'a pas d'issue.

Un kilomètre plus loin commence le sentier qui va sur Bonabry ; sa direction prolonge celle du chemin que l'on vient de suivre, mais, à son origine, il est assez difficile à distinguer, à cause des rocs nus qu'il traverse. Un peu plus loin il longe d'agréables prairies, franchit un ruisselet, puis arrive à l'une des entrées du château de Bonabry. Vers ce point, il rencontre un chemin qui vient également de Durtol. Ce chemin, un peu plus long que celui dont nous venons de parler, est peut-être plus agréable à suivre, en raison de ce qu'il est ombragé, sur une partie de son parcours, par de magnifiques châtaigniers. Il commence, sur la route de Durtol, à 600 mètres environ de la station ; il est indiqué, sur la carte au vingt-millième, le quatrième à droite à partir de la gare (Son origine est tout près de l'endroit où la route coupe un rocher blanchâtre).

Après avoir longé le mur du parc de Bona-

bry, on prend à droite le chemin qui traverse
le village, et l'on se rend au Gressigny par une
route bordée de jolis arbres. A quelques centaines de mètres de ce dernier village, on
rencontre un hameau appelé Chez-Vasson, et
l'on arrive à la grand'route de Pontgibaud.

Si l'on est pressé de déjeûner, on peut
descendre cette route, à gauche, jusqu'au
hameau de la Baraque [1]. Mais, lorsqu'on a du
temps, il vaut mieux passer par Orcines et
gagner, au moyen d'un chemin de traverse, la
route de Laqueuille, qui mène à la Baraque.

Orcines est le chef-lieu de la commune dont
dépendent les nombreux hameaux d'alentour.
Le village possède un joli clocher et est assez
coquettement bâti. Il y existe une station
météréologique dirigée avec distinction par M.
Gilbert Lefebvre, officier d'Académie.

Retour sur Clermont ou Chamalieres par la
route de Laqueuille. A l'endroit où commence
le *grand tournant*, suivre la route à droite (celle

[1] On y pourra déjeûner à l'hôtel du Mont-Dore (Maison
veuve Langlais), voir aux annonces, page 3.

de gauche conduit à Durtol). Un peu plus loin, sur la droite, se dressent les rochers basaltiques de Prudelles, assez intéressants à visiter. L'un d'eux est creusé en tunnel : de la gare de Royat sa percée se distingue fort bien.

Une demi-heure environ après avoir passé le pont sous le chemin de fer, on croise la route qui vient de Nohanent et de Durtol. On la suit à droite pour se rendre à Chamalières.

Excursions d'une demi-journée

4. — Villars. — La voie romaine

SUIVRE la route de la Vallée, qui fait suite à l'avenue de Royat. Un peu avant le pont sur la Tiretaine, prendre à droite le chemin qui monte vers le puy Chasteix. Gagner le chemin des Plateaux, soit en gravissant le premier chemin à gauche (maison à l'angle), soit en faisant le tour du puy : les deux voies se rejoignent à un poteau du club alpin.

A un kilomètre de ce point, en suivant le chemin des Plateaux, on rencontre à droite le chemin de Villars, dont l'origine est aussi marquée par un poteau du club alpin. On s'y engage et on le suit jusqu'au hameau de Villars. On se trouve là sur un vaste plateau, d'où la vue s'étend au loin, et embrasse l'ensemble du massif montagneux formé par le puy de Dôme, le Traversin et le puy de Pariou.

On traverse le rustique hameau de Villars

et, peu après, on arrive à la voie romaine, re-
connaissable à son pavage qui subsiste encore
sur beaucoup de points. Cette voie, qui se dirige
vers le puy de Dôme, a-t-elle été faite unique-
ment pour conduire au temple de Mercure ?
C'est probable, car, entre Chamalières et le
Grand Tournant, on rencontre d'autres vestiges
de pavage romain, appartenant vraisemblable-
ment à l'antique route qui se dirigeait vers Bordeaux. Les deux voies devaient se joindre dans
la plaine de Fontmort.

Pour redescendre vers Chamalières, on prend
la voie romaine à droite. Cette voie suit le fond
d'une vallée étroite et profonde. A un kilomètre
de Villars se dresse, sur la gauche, le rocher
de Prudelles, qui porte à son sommet des colonnes basaltiques, analogues à celles connues
sous le nom d'orgues de Bort. Jusqu'à l'endroit
où la voie débouche dans la plaine, le pavage
romain est assez bien conservé. Cependant ce
que nous voyons n'est que la partie inférieure,
la fondation de la chaussée. Au-dessus était ré-
pandu un bétonnage qui en égalisait la surface.
Cet antique pavé est aujourd'hui assez pénible

pour la marche. Aussi, sur divers points, les piétons ont-ils tracé à côté des sentiers plus faciles à suivre.

Les vestiges de pavage disparaissent presque complètement à partir du pont sous le chemin de fer ; les paysans ont sans doute employé ces pierres à la construction des murs voisins.

Après avoir longé les jardins du pensionnat de Fontmort, la voie romaine arrive à Chamalières, franchit la Tiretaine et débouche sur l'avenue de Royat, près du point de stationnement des tramways électriques.

5. — Le Grand-Tournant

La route qui va de Clermont à la Baraque et celle qui monte de Durtol dans la même direction suivent, à partir du chemin de fer, les bords opposés d'une profonde vallée. Elles se joignent à l'extrémité de cette dépression de terrain, au niveau presque du plateau basaltique qui supporte les monts Dômes. Ces deux portions de route forment ce qu'on appelle le Grand-Tournant. C'est là une promenade intéressante, peu

pénible, et durant laquelle s'offrent aux regards les paysages les plus variés.

On peut se rendre à Durtol en chemin de fer, et prendre à Royat soit le train de 9 heures et quart du matin, soit celui de 3 heures et quart du soir.

En quittant la gare de Durtol, on prend à gauche la route carrossable et on la suit sans interruption. Elle monte continuellement, jusqu'à l'endroit où elle rencontre la route qui descend sur Clermont, mais cette montée est adoucie par de nombreuses courbes.

Sur ce parcours on apercevra plusieurs constructions basses, tout en pierres : ce sont les *regards* de la conduite qui amène à Clermont les eaux de la source des Combes.

Arrivé à la route qui vient de la Baraque, se porter, sur la droite, à quelques mètres de la chaussée, et jeter un coup d'œil sur les verdoyantes vallées situées entre Durtol et Bonabry.

Puis on redescend vers Clermont. La route longe un joli parc en amphithéâtre et arrive aux rochers basaltiques de Prudelles dont nous avons parlé à la précédente excursion. Sur

la gauche, se trouve une auberge avec jardin et
tonnelles (maison Bouchet-Terrade).

Vers l'extrémité inférieure du rocher de
Prudelles, à un coude de la route, on trouve à
droite un chemin rural qui descend vers Chamalières et qui montre, sur 400 mètres environ,
des vestiges de pavage romain. Peu après ce
pavage, trois chemins se présentent ; on prend :
ou celui de droite qui rejoint la voie romaine
de Villars, ou celui du milieu qui permet de
gagner la grand'route allant sur Chamalières.

Au lieu de suivre ces chemins, on peut sim-
plement continuer de descendre la route du
Grand-Tournant. On passe sous le chemin de
fer et, un kilomètre plus loin, on croise la
grand'route qui vient de Nohanuent et de Durtol.
On la prend à droite, si l'on veut se rendre à
Chamalières. Sinon on continue directement,
et l'on arrive à Clermont, — d'abord au faubourg de Fontgiève (fontaine des juifs), puis à
la place du Poids-de-Ville, où s'arrêtent les
tramways électriques.

6. — Durtol. — Sarcenat

On se rend en chemin de fer à Durtol, en prenant à Royat, soit le train de 9 heures et quart du matin, soit celui de 3 heures et quart du soir. En quittant le chemin de fer, on suit à droite la route carrossable qui passe devant la cour de la gare. Cette route gravit, par des lacets adoucis, une haute colline plantée de sapins. Au sommet de la côte, on aperçoit à gauche le hameau de Sarcenat, ainsi que le château qui le précède.

Pour redescendre vers Durtol, on a trois chemins. Le premier, sur la droite, est le plus court. Il contourne la colline que l'on vient de gravir, suit la lisière du bois de sapins et aboutit à la gare de Durtol. Il est assez raboteux.

Le deuxième chemin commence, sur la droite de la route, à une centaine de mètres du précédent. Il est plus long. Il contourne une colline également plantée de sapins, et séparée de celle que l'on vient de monter par une vallée verdoyante. Ces deux chemins se rejoignent aux abords de la cour de la gare.

Enfin on peut prendre un autre chemin,

moins ombragé, qui commence à gauche, presque en face l'origine du précédent. On traverse le hameau de Sarcenat, puis on longe les dépendances du château, situé sur la gauche. On laisse à droite un sentier, puis un chemin, qui se dirigent vers Bonabry. Un kilomètre plus loin on rencontre un autre sentier conduisant à Bonabry, et dont nous avons parlé dans l'excursion intitulée : *Bonabry — Gressigny — Orcines.* On continue tout droit et l'on arrive à la route carrossable, en face le pont sous le chemin de fer.

On voit que ces trois chemins aboutissent dans le voisinage de la gare de Durtol. Si l'on fait l'excursion dans l'après-midi et que l'on soit pressé de rentrer, on peut prendre à cette gare le train de 5 heures et quart, qui arrive à Royat à 5 heures 24. Si l'on a du temps, on suivra la route qui passe sous le chemin de fer et l'on traversera le village de Durtol. Remarquer à droite, près de l'église, l'entrée du sanatorium installé dans l'ancien château et dirigé par M. le docteur Sabourin.

Le premier chemin à droite descend vers la

grand'route qui vient de la Baraque. On prendra cette route à gauche, pour se rendre soit à Clermont, soit à Chamalières.

---

7. — Durtol. — Les côtes de Clermont. — Les Bughes.

Comme pour la précédente excursion, on se rend à Durtol en chemin de fer, en prenant à la gare de Royat, ou le train de 9 heures et quart du matin, ou celui de 3 heures et quart du soir. Cette promenade est peu fatigante, car on n'aura aucune montée à gravir. Mais les chemins à suivre ne sont guère ombragés.

En quittant la station de Durtol on prend la route à gauche, puis l'on passe sous le chemin de fer. On traverse le village de Durtol. Peu après l'église on prend le premier chemin à gauche et l'on arrive à la grand'route de Volvic à Clermont. On suit cette route à droite jusqu'à la rencontre de la route de Nohannent (à l'angle du cimetière). A une centaine de mètres de ce point on prend le premier chemin à gauche, qui s'engage à flanc de coteau dans le beau vignoble couvrant les pentes appelées

Côtes de Clermont. Deux kilomètres plus loin on passe au pied du mont Juzet, également couvert de vignes. Un temple à Jupiter s'élevait jadis sur ce mont ; de là son nom : *mons Jovis.* Il ne reste rien de cet édifice ; ses débris ont servi sans doute à la construction des murs de clôture et à celle des nombreuses *tonnes* qui parsèment les vignes.

Le premier chemin carrossable que l'on rencontre ensuite à droite est le plus court pour rentrer à Clermont et arriver à la place du Poids-de-Ville. Mais on peut continuer tout droit, jusqu'à la rencontre du chemin de Blanzat ; on prend alors la route à droite et l'on se rend à la rue Montlosier en traversant le quartier des Bughes. On voit là de vastes terrains qui dépendaient jadis de la célèbre abbaye de Saint-Allyre.

On peut profiter de cette excursion pour visiter les curieuses fontaines pétrifiantes qui se trouvent précisément dans le quartier des Bughes. Il existe deux établissements ouverts au public : l'un, le plus ancien, est situé rue du Pont-Naturel, l'autre se trouve rue Gaultier-de-Biauzat.

Nous donnons à la page 101 et aux Annonces des détails complets sur ces curiosités naturelles, fort intéressantes pour le touriste.

8. — Le puy de Montaudoux

Partant de l'avenue de la Gare, on suit à gauche le boulevard Bazin, on passe devant le Grand-Hôtel et l'on prend, à l'angle de cet immeuble, le chemin qui monte à gauche. A une centaine de mètres, bifurcation : on suit le chemin de gauche et, après une montée assez raide mais peu longue, on arrive à l'entrée du parc Bargoin (ouvert au public). Au lieu de suivre la route carrossable, on prend le chemin qui contourne le parc. A une centaine de mètres de l'extrémité de ce parc, on croise le vieux chemin qui va de Clermont au puy de Gravenoire. 300 mètres plus loin, nouvelle bifurcation : on suit le chemin à droite, qui contourne les pentes du puy de Montaudoux. A peu de distance de cette dernière bifurcation on trouve à droite un chemin tracé pour desservir une carrière. C'est

un endroit commode pour effectuer l'ascension
du puy. Cette ascension — très facile — peut
d'ailleurs se faire sur plusieurs autres points,
par exemple en s'engageant dans les petits
sentiers qui séparent les vignes situées au-
dessus du parc Bargoin.

C'est à ces pentes facilement accessibles
que, d'après les paysans, le puy doit son nom
(Monte-au-doux). — Mais on pense bien que
les savants ne se contentent pas de cette étymologie. Certains d'entre eux prétendent que
dans le mot *Montaudoux* se retrouve le nom
de Teutatès, dieu gaulois qui aurait eu là un
temple. D'autres affirment que le puy, au
viie siècle, était couronné d'un château-fort
appartenant à Odon, duc d'Aquitaine, qui
aurait donné son nom à la montagne (*mons
Odonis*).

Un peu plus loin que le chemin de carrière
dont nous avons parlé, se trouve dans les
vignes, sur la gauche, une ruine gallo-romaine.
Bien qu'elle ne soit qu'à 200 mètres environ du
chemin, on ne l'aperçoit guère ; elle n'est
signalée que par des touffes de broussailles et

un assez gros arbre. Cette ruine consiste en un mur épais, d'une cinquantaine de mètres de long, qui ne présente aucune curiosité architecturale, mais dont l'origine antique est évidente. Il est bâti à la mode romaine, en moëllons carrés, noyés dans un ciment très dur. Il soutenait probablement la terrasse de quelque villa. — Aucun chemin n'y conduit, mais on peut s'y rendre par l'un des petits sentiers de culture tracés dans les vignes.

Le puy de Montaudoux n'est pas un ancien volcan. Lors des dernières éruptions de Gravenoire, il a obligé la lave à se partager en deux courants : l'un est descendu vers Royat et Chamalières, l'autre a inondé la plaine de Beaumont et d'Aubière et ne s'est arrêté qu'à plusieurs kilomètres au-delà de Clermont.

Cette dernière coulée est recouverte aujourd'hui d'un beau vignoble, que traverse le chemin rural dans lequel on s'est engagé et que l'on continue à suivre tout droit. Çà et là s'aperçoivent des amas de sable volcanique, de couleur rougeâtre, qui ne tarderont pas à disparaître, car on les utilise chaque jour pour les mortiers à bâtir.

Au point où le chemin rural aboutit à la route de Clermont, il existe une petite chapelle moderne appelée N.-D. de l'Agneau. On prend la grand'route à gauche et on la suit jusqu'à Clermont ; elle mène à la place de Jaude. — On peut aussi prendre, en face du village de Beaumont, l'un des raccourcis (on dit *coursières* dans le pays) indiqués sur la carte au vingt-millième : ils aboutissent à la grand'route, dans le voisinage du pont sous le chemin de fer.

9. — Le puy de Gravenoire

On prend le chemin qui s'embranche à gauche sur le boulevard Bazin, à l'angle du Grand-Hôtel, et on le suit jusqu'auprès de l'entrée du parc Bargoin. Là, on prend la route carrossable et, si l'on craint les montées, on peut la suivre dans ses nombreux méandres : elle passe au pied du puy. Mais si quelques grimpées un peu raides n'effrayent pas, on réduira sensiblement la distance à parcourir en

utilisant les raccourcis indiqués par la carte au
vingt-millième.

Au pied du puy de Gravenoire, et au commencement du bois de sapins qui le couvre, s'em-
branchent à droite, sur la route carrossable,
deux chemins qui descendent vers Royat. A
quelques pas de cette bifurcation, commence le
sentier par lequel on fera l'ascension du puy ;
un poteau du club alpin en indique l'origine.
Ce sentier a des rampes assez fortes, mais il
est ombragé par les sapins. Le sommet du puy
est à 822 mètres au-dessus du niveau de la
mer.

On redescendra par le même sentier. A son
extrémité, si l'on a du temps, on pourra suivre,
à gauche, le chemin ombreux qui contourne le
mont et communique par un sentier avec le
chemin rural aboutissant au *Creux d'Enfer*.
(Malgré son nom, ce *creux* est, en été, un char-
mant nid de verdure). On suivra ce dernier
chemin, qui mène tout droit au vieux Royat.

Si l'on est pressé de rentrer, on prendra le
chemin qui s'embranche sur la grand'route à
quelques mètres et à droite du sentier qui sert

à l'ascension. Ce chemin descend rapidement
vers le fond de la vallée. Après avoir dépassé
le cimetière on prend à l'entrée du bourg le
deuxième chemin à droite. On gagne prompte-
ment la route du puy de Dôme, puis le boulevard Bazin.

Le puy de Gravenoire doit son nom aux
pouzzolanes, aux graviers volcaniques qui
recouvrent sa coulée de lave. — Nous avons
dit, à l'excursion précédente, que cette coulée, à
la rencontre du puy Montandoux, s'est divisée
en deux branches, l'une allant sur Beaumont,
l'autre vers Royat et Chamalières. Mais les
graviers en question ne sont pas toujours
noirs ; on en voit beaucoup de couleur rougeâtre. Et même cette dernière teinte devait
dominer dans la vallée, jadis, puisque Royat
lui doit son nom, (*Rubiacum* vers 1145, *Rubia-
censis* en 1510).

Les cratères d'où la lave est sortie s'ou-
vraient, disent les géologues, à la base du
mont. Ils disparaissent aujourd'hui sous les
scories et les broussailles.

10. — Gravenoire — Charade

Comme pour l'excursion précédente, on suit, à partir du parc Bargoin, la route carrossable jusqu'au puy de Gravenoire. Mais bien des chemins, indiqués par la carte au vingt-millième, permettent de diminuer la durée du trajet. Aux promeneurs qui ne craignent pas quelques grimpées, — peu longues en somme, — nous conseillons le raccourci suivant :

Après avoir pris le chemin qui commence boulevard Bazin à l'angle du Grand-Hôtel, on rencontre peu après une bifurcation ; au lieu de suivre le chemin de gauche, qui monte tout droit au parc Bargoin, on prend celui de droite. On arrive à la grand'route ; on ne fait que la traverser et on s'engage dans le chemin qui fait suite à celui que l'on vient de quitter. Là commencent des rampes assez pénibles, mais qui ne dureront pas longtemps. On est en pleine région volcanique; le pied foule des scories colorées qui semblent refroidies de la veille. Puis on arrive à un plateau, et le paysage change soudain: c'est une jolie

plaine, bien cultivée, que l'on aura à traverser
pour regagner la route carrossable.

Cette route arrive au pied du puy de Gravenoire, puis contourne en partie le mont ; elle
est, sur ce parcours, tracée à flanc de coteau. A
gauche, descendent des pentes rapides, parsemées de rocs noirs ; plus loin de hauts rochers,
couronnés de sapins, sont séparés par des gorges
étroites et profondes: le paysage est vraiment
impressionnant. Au fond de la vallée s'aperçoivent les maisons de Boisséjour, petit village
pour lequel le soleil se couche de très bonne
heure en toute saison.

Après le puy de Gravenoire, la route contourne les rampes rocailleuses du puy de
Charade, et l'on ne tarde pas à rencontrer à
droite un chemin vicinal carrossable. On suit
ce chemin pendant un kilomètre environ, jusqu'au premier chemin rural, à droite, qui se
rend au hameau de Charade. Le paysage est
totalement changé ; à gauche s'étendent des
plaines, des pâturages, qui ressemblent à ceux
des hauts plateaux du Cantal. D'autre part, la

température est sensiblement plus fraîche que dans la vallée de Royat.

Près de l'entrée du petit hameau de Charade, on prend le chemin qui se dirige vers Royat. Ce chemin descend en lacets rapides sous les sapins, et l'on arrive en peu de temps au fond de la vallée. A l'entrée du vieux Royat on prend le chemin à droite qui contourne le bourg, puis — également à droite — la route du Puy-de-Dôme qui mène au boulevard Bazin.

11. — Le bois de la Pauze. — La Pépinière

Partant de l'avenue de la Gare, on prend à gauche le boulevard Bazin et on le suit jusqu'à la rencontre de la route du Puy-de-Dôme. On prend cette route à droite puis, à 400 mètres plus loin, le premier chemin à gauche, qui contourne le bourg. Après les dernières maisons de Royat, on prend à droite le chemin qui passe près d'un roc sur lequel est bâtie une petite chapelle. A 500 mètres plus loin s'embranche, sur la droite, le chemin qui conduit au bois de la Pauze. Ce chemin forme une

assez rude montée, mais c'est la seule vraiment
pénible que l'on aura à gravir. Peu après l'entrée du bois se remarque à gauche un sentier
sans issue, puis une bifurcation : c'est le chemin
de gauche que l'on suivra.

Le bois de la Pauze est une fort intéressante
promenade : beaux sapins, sites pittoresques,
verdure fraîche, magnifiques échappées sur la
Limagne, rien n'y manque, — sauf des chemins
aux pentes adoucies qui le rendraient facilement
accessible.

Le chemin, après avoir traversé le bois, en
suit la lisière, et permet d'admirer le paysage
mouvementé des pentes de Charade et de Gravenoire. On ne tarde pas à gagner le chemin rural
qui descend du hameau de Charade. On le prend
à droite, et bientôt l'on s'engage dans une profonde gorge tapissée de végétation luxuriante.
Dans un élargissement est établie la belle *pépi-
nière* d'arbres forestiers créée par l'Etat, pour
le reboisement des montagnes. On peut la
visiter en s'adressant au gardien.

On continue à suivre le chemin, qui serpente
au fond de l'étroite vallée, et l'on arrive à la

route qui descend du puy de Dôme et de Fontanas. On la prend à droite.

Après avoir passé le deuxième pont sur la Tiretaine, on trouve à gauche, près de quelques auberges, un chemin qui permet de gagner rapidement la rue dite Route de la Vallée, faisant suite à l'avenue de Royat.

On peut aussi suivre tout droit la route carrossable. Après avoir traversé le vieux Royat, on rencontre à gauche le boulevard Bazin qui conduit au Parc.

12. — Boisséjour. — Les Vignes de Beaumont

On prend, à l'angle du Grand-Hôtel, le chemin qui monte vers le parc Bargoin. Arrivé près de l'entrée de ce parc, on prend la route carrossable de Gravenoire et on la suit, sur 600 mètres environ, jusqu'au point où elle forme un coude prononcé. (Croix de fer sur le talus). Là, deux chemins descendent dans les vignes; on prend celui de droite. A 400 mètres plus loin, bifurcation; on suit encore le chemin à droite. On croise ensuite deux autres chemins,

et l'on ne tarde pas à se trouver en vue du
village de Boisséjour.

Les vignes que l'on traverse sont plantées
sur la coulée de lave du puy de Gravenoire; on
aperçoit à droite le bois de sapins dont ce puy
est couronné, ainsi que les pentes semées de
rocs noirs du puy de Charade. A gauche et en
face se dresse une chaîne de monts escarpés,
séparés par des gorges profondes, et plantés de
sapins ou de hêtres. Encore plus à gauche et
tout à l'horizon, pointent sur leur cône aigu les
deux tours en ruines du château féodal de
Mont-Rognon. (*Mons Rugosus*).

Le village de Boisséjour n'a de curieux que
sa situation au pied de ces monts abrupts qui
l'entourent; son nom jadis était probablement
Bas-Séjour. On le traverse, puis l'on suit à gauche
un chemin qui conduit à la grand'route de
Clermont.

On prend cette route à gauche, et on la suit
jusqu'à la petite chapelle en lave de Volvic
appelée Notre-Dame de l'Agneau. En face de
la chapelle on prend à gauche le chemin rural
qui s'engage dans les vignes, et on le suit tout

droit. Ce chemin traverse, lui aussi, la coulée
de lave du volcan de Gravenoire; on s'en aperçoit à la nature des pierres et du sol. Sur divers
points se montrent des amas de pouzzolane
rougeâtre, que l'on enlève peu à peu pour
l'employer dans le mortier des constructions.

Arrivé près des pentes du puy Montaudoux,
on rencontre un chemin à gauche, dans une
prairie plantée d'arbres fruitiers. Si l'on prend
ce chemin, on retrouvera la route de Gravenoire
à l'endroit même où on l'avait quittée pour se
rendre à Boisséjour.

Mais on peut continuer à suivre le chemin
qui vient de Notre-Dame de l'Agneau. On contournera le puy Montaudoux, et l'on ne tardera
pas à arriver au parc Bargoin, puis à la route
carrossable de Gravenoire.

13. — Clermont-Ferrand

Pour visiter en détail une ville de l'importance de Clermont, une demi-journée est évidemment insuffisante. Cependant nous allons
dresser l'itinéraire d'une promenade de quelques

heures, qui permettra au touriste pressé de prendre une idée assez nette de la capitale de l'Auvergne.

Nous supposons que l'on arrive par l'avenue de Royat et la rue Blatin qui lui fait suite : belles voies que les Clermontois appellent leurs Champs-Elysées. Au bout de cette dernière rue est la vaste place de Jaude (du vieux français *jau,* coq). Vers l'extrémité droite, statue du général Desaix. Prendre, au milieu de l'extrémité gauche, la large rue de l'Ecu (nom d'une hôtellerie du moyen-âge) puis la première rue à droite, la commerçante rue des Gras. Les savants prétendent que cette voie doit son nom à l'escalier *(gradus)* qui, à son extrémité, précédait la cathédrale; mais les gens du peuple disent que l'appellation *gras* vient de ce que les riches marchands de cette rue étaient doués d'un remarquable embonpoint. Au numéro 34, maison dite *des Architectes* (c'était l'habitation des architectes de la Cathédrale) : dans la cour, très belle cage d'escalier, style Renaissance. En haut de la rue, on prend à droite, et l'on arrive à la place Royale. Peu avant l'angle de

URBAIN II

cette place se voit la maison où naquit Blaise Pascal; la façade est ornée d'un buste de ce grand homme. Au milieu de la place Royale, monument *des Croisades* (inachevé) surmonté de la statue du pape Urbain II.

On entre dans la Cathédrale par la porte qui ouvre sur la place. Après avoir visité le monument, on sort par la porte directement opposée à celle par laquelle on est entré, et l'on suit la rue en face. A droite est l'Hôtel-de-Ville, vaste et assez bel édifice néo-grec; dans la cour se voit la statue du jurisconsulte Domat. Au bout de la rue on arrive place de la Poterne; — ce nom rappelle la porte des remparts par laquelle la garnison effectuait ses sorties. Faire le tour de cette place, d'où l'on découvre un admirable panorama. Le puy de Dôme se détache superbement à l'horizon; à sa droite on distingue les sommets du Traversin et du puy de Pariou et, plus loin, la forêt de sapins du puy de Chanat. Toujours sur la droite, mais à une distance beaucoup plus rapprochée, la vue est bornée par les *côtes* de Clermont et le puy de Chanturgue, aux vignes renommées. Entre les *côtes* et

la ville se remarque le mont Juzet (*mons Jovis*).
Enfin, au pied des murs qui occupent l'emplacement des anciens remparts, se pressent les
maisons des populeux faubourgs de Saint-Alyre
et des Bughes; de cette masse s'élance l'élégante flèche de l'église Saint-Eutrope. Par un
beau clair de lune, l'ensemble de ce paysage
est féerique.

On revient à l'entrée de la rue de l'Hôtel-
de-Ville et, à l'angle de cet édifice, on prend la
rue du Port. (*Port* a ici sa vieille signification
de *marché*). La première moitié de cette rue
est bordée d'anciens et curieux hôtels où
logeait jadis la noblesse. On arrive bientôt à la
basilique de *Notre-Dame-du-Port*, située à
gauche. — Monument romano-bysantin, du
xɪᵉ siècle, avec deux clochers de construction
récente. Visiter la chapelle souterraine, ou
crypte, dans laquelle est vénérée une statuette
miraculeuse de la *Vierge noire*. Reprenant la
rue du Port, on ne tarde pas à arriver *place
Delille*. C'est là que Pierre l'Hermite a prêché
la première croisade, en 1095. — Si, par la
pensée, on supprime les maisons situées du côté

FONTAINE D'AMBOISE

opposé à la rue du Port, on reconnaîtra que
l'ardent Hermite avait choisi un lieu favorable
pour ses harangues : grâce à la pente douce du
terrain, il pouvait être aisément aperçu et
entendu par une foule immense.

On prend, à droite de la rue du Port, le boulevard Trudaine. Après la caserne d'infanterie,
s'aperçoit à droite, la place Michel-de-l'Hospital, puis le Quartier Général du 13e Corps
d'Armée. A l'intersection du boulevard et de
l'avenue Carnot est une curieuse fontaine
Renaissance, en pierre volcanique de Volvic,
appelée la fontaine d'Amboise. Elle date de
1515. Si les arêtes des sculptures n'en sont pas
toujours très nettes, c'est que la lave est rebelle
au ciseau et que son grain manque de finesse.

Continuant à suivre le boulevard, on aperçoit
à gauche l'Ecole d'Artillerie, et l'on arrive
bientôt au Jardin public, ou Jardin Lecoq.

Ce jardin est l'un des plus agréables des
villes de province. Les ondulations du terrain
lui donnent une physionomie particulière, et,
dans les parties hautes, la vue s'étend sur un
bel horizon de montagnes. — Vaste pièce d'eau

permettant la promenade en bateau. Jardin
botanique. Remarquables serres léguées par
M. Lecoq, professeur aux Facultés. L'édifice
Louis XIII qui domine le jardin et qui porte
un cadran est le palais académique.

En sortant par la porte que l'on a à sa
droite lorsqu'on regarde ce cadran, on se trouve
place Lecoq.

La haute maison qui, à gauche, borde le
jardin, renferme la *Bibliothèque publique*
(40.000 volumes) et le *Musée de tableaux et
d'objets d'art antiques.* Ce Musée est ouvert
tous les jours, excepté le lundi, de 10 heures à
4 heures. Plusieurs toiles remarquables ; collection d'armes gauloises, gallo-romaines et du
moyen-âge; poteries; objets d'art de diverses
époques.

Sur le côté de la place formant équerre
avec le jardin, se trouve le *Musée d'histoire
naturelle*, légué par feu M. Lecoq. Ouvert tous
les jours aux touristes. Belles collections de
minéraux et de plantes.

A l'extrémité opposée de la place on remarque une fontaine, surmontée d'une pyramide

effilée qui porte une urne funéraire renfermant, dit-on, le cœur du général Desaix.

On prend la rue Ballainvilliers qui longe la partie haute de la place Lecoq, et on la suit jusqu'à son extrémité. Là on prendra à gauche la rue Saint-Esprit. Un peu avant on a pu apercevoir, dans la rue qui descend à droite, la façade du lycée Blaise-Pascal, — célèbre collège de Jésuites jusqu'en 1762. (Ironie du destin: l'auteur des *Lettres provinciales* donne son nom à un édifice bâti par les *Pères* qu'il a tant combattus !)

La rue Saint-Esprit, après avoir traversé la rue Saint-Genès, l'une des plus intéressantes de Clermont, débouche sur une place que borde à droite la grille de l'hôtel de la Préfecture, — élevé sur l'emplacement d'un couvent de Cordeliers. — A gauche, gracieuse balustrade en pente, longeant le square d'Assas. Peu après, l'on aperçoit à droite la façade sculptée du Théâtre municipal, bâti en 1893 sur l'emplacement de la Halle aux toiles. Et l'on se retrouve place de Jaude, où l'on peut prendre le tramway électrique pour se rendre à Royat.

❧

Excursions d'une durée de deux à trois heures

14. — Le puy Chasteix

LE puy Chasteix ,(on prononce *châté*) domine immédiatement le parc de Royat, du côté opposé au Casino. Son altitude est de 600 mètres.

Ainsi que son nom l'indique, il portait jadis un château-fort ; on n'en voit actuellement nul vestige. Cette forteresse, qui appartenait au duc d'Aquitaine, Waïfre, a été brulée au VIIIe siècle par Pépin-le-Bref. C'est probablement de cet incendie que proviennent les grains de blé carbonisés que l'on trouve parfois sur les pentes du mont, et qui ont fait appeler ce lieu le *grenier de César*.

Pour se rendre au puy Chasteix on suit la *route de la Vallée* qui forme le prolongement de l'avenue de Royat. Un peu avant d'arriver au pont qui franchit la Tiretaine, on prend le chemin qui monte à droite (poteau du club alpin). On suit directement ce chemin, qui passe près du restaurant de l'Observatoire et contourne le puy. La montée est assez forte, mais elle est régulière, et le chemin n'est pas en mauvais état.

A partir du restaurant, on jouit d'une remarquable vue. On a à ses pieds, pour ainsi dire, le Parc de l'établissement thermal et tout le Nouveau Royat. Plus loin est le bourg de Chamalières, puis la ville de Clermont, enfin les vastes plaines de la Limagne, parsemées de hameaux. A droite, l'horizon est borné par le cône pointu de Mont-Roguon, le plateau de Gergovia et, beaucoup plus loin, — après la Loire, — par les hautes montagnes du Forez.

Après avoir contourné la plus grande partie du puy Chasteix, on arrive à une bifurcation (poteau du club alpin). On prend le chemin de gauche, dont la pente est rapide, et l'on ne tarde pas à retrouver, à l'angle d'une maison, le chemin par le quel on est venu et qui aboutit à la route de la Vallée.

Peu avant cette maison, on a pu voir, sur la

gauche, un sentier qui monte dans les vignes.
C'est ce sentier qu'il faut suivre si l'on veut
faire l'ascension du puy. Toutefois nous devons
signaler qu'il y a des rampes pénibles à gravir,
et qu'au sommet du mont il n'existe aucune
trace du château du duc Waïfre.

15. — Du puy Chasteix à la voie romaine

Comme pour l'excursion précédente, on suit
la rue dite Route de la Vallée (prolongement
de l'avenue de Royat) et, un peu avant d'arriver
au pont sur la Tiretaine, on prend le chemin à
droite (poteau du club alpin). On passe devant
le restaurant de l'Observatoire et l'on contourne
une grande partie du puy Chasteix. Arrivé à
une bifurcation marquée par un poteau du club
alpin, on prend le chemin à droite. Ce chemin,
tracé à flanc de coteau, est assez large au début,
mais après quelques centaines de mètres il
passe à l'état de sentier, sans toutefois cesser
d'être praticable pour les piétons. Il serpente,
tantôt sous bois, tantôt dans des pentes culti-
vées, traverse des gorges pittoresques, et abou-

tit enfin à la voie romaine, tout près du pont
sous le chemin de fer. En ce point, l'antique
pavage a presque entièrement disparu, mais si
l'on veut en voir des échantillons assez bien
conservés, on n'a qu'à se porter à deux ou trois
cents mètres sur la gauche, du côté de Villars.

Jeter un coup d'œil sur la jolie vallée plantée
de sapins, de vignes, d'arbres fruitiers, et abri-
tée au nord-ouest par les hauts rochers basaltiques de Prudelles. (Un café-restaurant est
installé tout près de la voie romaine).

Pour redescendre vers Chamalières, on passe
sous le pont du chemin de fer et l'on continue à
suivre la voie romaine. Là les pavés ne se voient
à peu près plus ; ils ont sans doute été employés
à la construction des murs de clôture voisins.

Si l'on veut rentrer rapidement à Royat, on
peut prendre à droite le raccourci indiqué sur la
carte au vingt-millième : il aboutit à l'avenue
de Royat tout près du viaduc sous le chemin de
fer.

Si l'on a du temps, on suit tout droit la voie
romaine, qui longe les jardins du pensionnat de
demoiselles appelé Fontmort. — C'est proba-

blement vers ce lieu qu'aboutissait l'autre voie
romaine dont les vestiges se voient à deux
kilomètres environ, dans la direction du nord-
ouest. (Nous en avons parlé dans l'excursion
intitulée le *Grand-Tournant*).

On ne tarde pas à arriver à la Tiretaine, que
l'on franchit sur un vieux pont, puis à l'entrée
du bourg de Chamalières.

On rejoint l'avenue de Royat tout près de
l'endroit où stationnent les tramways électriques.

16. — Le bois de la Pauze

Partant de l'avenue de la Gare, on prend à
gauche le boulevard Bazin et on le suit jusqu'à
la route du Puy-de-Dôme. On prend cette route
à droite, puis, à 400 mètres environ, le premier
chemin à gauche. On contournera ainsi une partie du vieux Royat. Après les dernières maisons,
on suit le chemin qui passe à la droite d'un roc
surmonté d'une petite chapelle. 500 mètres
plus loin on rencontre, sur la droite, le chemin
qui conduit au bois de la Pauze. Montée assez
pénible, mais qui ne dure pas longtemps.

Au commencement du bois se voit à gauche un sentier sans issue, puis une bifurcation : on prendra le chemin de droite (au lieu de celui de gauche que nous avons suivi dans l'excursion N° 11.)

L'origine de ce chemin est un endroit propice pour s'arrêter un moment. Tout en se reposant des fatigues de la montée, on jouit d'une admirable vue sur la vallée de Royat et sur la Limagne. On entre ensuite dans le bois. Le chemin est bien tracé, facile à suivre, et parfaitement ombragé par de beaux sapins.

Ce chemin finit brusquement, à la rencontre d'une étroite gorge. Il faut prendre alors un petit sentier qui descend à droite dans une prairie. Ce sentier est, au début, à peine visible; mais il s'élargit bientôt et devient un véritable chemin rural. Il aboutit à la route du Puy de Dôme près du pont sur la Tiretaine.

Pour rentrer à Royat on peut choisir entre trois itinéraires : 1° Si l'on suit tout droit la route carrossable, on traversera la plus grande partie du bourg de Royat, puis l'on rencontrera

à gauche le boulevard Bazin qui ramènera à
l'avenue de la Gare ;

2° On peut prendre le premier ou le deuxième
chemin à droite (ils se rencontrent à une faible
distance) ; on traversera une partie du vieux
Royat et, à la sortie du bourg (deuxième rue à
gauche) on retrouvera le chemin par lequel on
est venu de la route du puy de Dôme.

3° On peut prendre le premier chemin à
gauche ; il passe devant l'école communale et
aboutit à la Route de la Vallée près du pont
sur la Tiretaine ; on suit cette route à gauche :
elle conduit au Parc.

17. — De la route de Gravenoire à la vallée de Royat

A l'extrémité du boulevard Bazin (fontaine)
on prend à gauche la route carrossable qui
vient du puy de Dôme et qui se dirige vers le
puy de Gravenoire. On la suit jusqu'au-delà du
parc Bargoin. — On peut aussi la rejoindre
près de ce parc en prenant le chemin qui s'embranche sur le boulevard Bazin, à l'angle du
Grand-Hôtel.

Passé le parc Bargoin, on prend le premier
chemin rural à droite : c'est là l'antique voie
qui menait jadis de Clermont à Gravenoire. Ce
chemin monte continuellement, mais d'une
manière assez régulière et pas trop fatigante. Il
rejoint la route de Gravenoire près d'une maison
de campagne. On suit cette route à droite et,
peu après, à un coude prononcé, on rencontre à
droite un chemin rural. Si l'on est pressé de
rentrer, on prendra ce chemin, qui conduit
rapidement au vieux Royat. Si l'on a du temps,
on suivra la route carrossable jusqu'au pied du
puy de Gravenoire. Là, près du poteau du club
alpin qui indique le sentier à suivre pour l'ascension, on prendra le premier chemin à droite,
et l'on redescendra en peu de temps dans la
vallée de Royat. Arrivé à l'entrée du bourg,
après avoir dépassé l'extrémité du chemin dont
nous parlions plus haut, on prendra à droite le
chemin qui contourne en partie le village et qui
aboutit à la route du puy de Dôme. Peu après,
en suivant cette route à droite, on regagnera le
boulevard Bazin.

18. — Le parc Bargoin. — Contour du puy Montaudoux

Le parc Bargoin, peu éloigné du nouveau Royat, est une charmante promenade pour les touristes, les baigneurs et leur famille. On y trouve des ombrages, des pelouses, de larges allées, un jeu de tennis, et l'on y jouit d'une remarquable vue. Ce parc a été légué en 1886 au département du Puy-de-Dôme par feu M. Bargoin, administrateur et bienfaiteur des hospices de Clermont. — L'entrée est gratuite.

Pour s'y rendre, en partant de l'avenue de la Gare, deux itinéraires se présentent. Le plus court est de prendre le chemin qui s'embranche à gauche sur le boulevard Bazin, à l'angle du Grand-Hôtel. A une centaine de mètres plus loin, bifurcation : on suit le chemin de gauche. Là, la montée est assez pénible, mais elle est de courte durée. Arrivé vers le sommet de la rampe, jeter un coup d'œil à droite : on a la vue presque complète de la vallée de la Tiretaine, fermée à l'horizon par le puy de Dôme, qui se détache magnifiquement sur le ciel.

Lorsqu'on arrive près de la route de Gravenoire, on aperçoit la grille principale du Parc. C'est là qu'on entre pendant la belle saison. L'hiver cette grille est fermée, et l'on entre par une porte située à une centaine de mètres plus loin, sur le chemin qui contourne le Parc. Ce Parc n'a d'ailleurs pas d'autre issue que celle par laquelle on a pénétré ; pour sortir, il faut donc revenir à son point de départ, — ce qui est parfois ennuyeux.

Les personnes qui désirent éviter la montée du chemin dont nous venons de parler, peuvent suivre tout droit le boulevard Bazin, et, à son extrémité (fontaine), prendre à gauche la route qui va vers Gravenoire. Cette route les mènera en face de l'entrée du Parc Bargoin.

Après avoir visité le Parc, si l'on veut prolonger sa promenade, on peut contourner le puy Montaudoux : cela demande environ une heure.

On prend à gauche la route carrossable qui va vers Gravenoire, et on la suit pendant 600 mètres jusqu'à un assez brusque tournant (croix de fer sur le talus). Là se présente à gauche un sentier qui n'a pas d'issue, puis deux chemins

qui descendent dans les vignes ; on prend celui
de gauche. Arrivé près du pied du Montaudoux,
on laisse à gauche un chemin de carrière que
l'on utilise souvent pour faire l'ascension du
puy. Le chemin continue à descendre ; puis,
dans une prairie plantée d'arbres fruitiers, il
aboutit à la voie rurale qui va de Beaumont à
Royat ; on prend ce chemin à gauche. Il faut
alors monter quelque temps, mais sans grande
fatigue. Après avoir contourné le puy Montaudoux, on ne tarde pas à se trouver en vue du
Parc Bargoin, puis de la route de Gravenoire.

19. — Entre Royat et Clermont

En dehors de l'avenue de Royat, sur laquelle
est établie la ligne des tramways électriques, il
existe plusieurs routes et chemins qui permettent de se rendre à pied de Royat à
Clermont et qui forment, en général, de très
agréables promenades. Ces voies sont indiquées
en détail sur la carte au vingt-millième ; mais,
pour la commodité des touristes, nous allons
décrire par le menu trois ou quatre itinéraires.

I. **Avenues des Thermes et de la Poudrière**

Partant de l'extrémité du Parc, à l'angle du Casino, on passe sous le viaduc du chemin de fer, puis devant l'église et le couvent des Franciscaines. On longe ensuite les dépendances de la *Source Marie-Louise*. On laisse à gauche un chemin qui conduit à la *Source Fonteix*, riche en acide carbonique, et à la *Glacière* qui y est annexée [1]. Cent pas plus loin, on laisse encore à gauche un chemin rural; ainsi que le précédent, il conduit à l'avenue de Royat. On continue à suivre la route (ou avenue des Thermes) qui longe sur la gauche de beaux prés-vergers, spécimens de ceux que l'on voit en si grand nombre dans la fertile Limagne. A droite se remarquent: d'abord la coulée de lave de Gravenoire, exploitée par les carriers, ensuite les vastes jardins du château de Montjoly, malheureusement cachés par de trop hauts murs.

Cette route aboutit à l'avenue de Royat, en face Chamalières; mais au lieu de suivre la dite avenue on prend, un peu avant, la route

_____

(1) Pour les détails voir aux Annonces, page 6.

appelée *avenue de la Poudrière.* — On rencontre à gauche une brasserie, puis un éta-
blissemement de bains froids. Le premier
chemin à droite conduit à la source des Roches
(établissement Aubégny) qui jaillit en un beau
jardin ouvert au public, et pourvu d'amuse-
ments divers [1].

Un peu plus loin, sur la gauche, à une trentaine de mètres de la route, s'aperçoit une
haute et ancienne maison, de teinte noirâtre,
qui n'a rien de bien remarquable au point de
vue architectural, mais qui pourtant, jadis, a
porté le titre de *palais épiscopal de Beau-
repaire.*

On arrive bientôt à un carrefour où se trouve
le bureau d'octroi. Ce bureau est adossé aux
dépendances d'une ancienne chapelle, datant
du XIIᵉ siècle, qui a été longtemps utilisée
comme poudrière (de là le nom de l'avenue). —
On pourrait continuer à suivre cette avenue,
mais comme elle traverse un quartier sans
intérêt, il est préférable de prendre à droite la

---

[1] Pour les détails voir aux Annonces, page 12.

nouvelle voie, appelée *boulevard des Salins*. Après l'usine de vêtements confectionnés, on suit le prolongement de ce boulevard et l'on aperçoit sur la droite une vaste place, récemment créée, au bout de laquelle est bâtie la nouvelle caserne de gendarmerie.

On arrive bientôt à la *route de Beaumont* qui, à gauche, conduit tout droit à la place de Jaude, où l'on trouvera le tramway électrique pour le retour à Royat.

II. Chemin de La Vallière

Partant de l'angle du Casino et du Parc, on passe sous le viaduc du chemin de fer et l'on prend à droite le chemin qui monte vers la Gare. Quelques mètres plus loin, entre les deux ponts supérieurs, on prend le chemin à gauche : il conduit tout droit à Clermont.

On passe devant l'entrée de la cour aux marchandises de la gare et on longe quelque temps les dépendances du chemin de fer. Peu après, une bifurcation se présente ; on trouve là un raccourci qui diminue sensiblement la durée du trajet ; mais si l'on n'est pas pressé,

il est plus agréable de continuer à suivre la
route, à droite.

Au bout d'un quart-d'heure environ, on
aperçoit sur la gauche, bâtie au sommet d'un
coteau, une maison seigneuriale du XVIIᵉ siècle,
appelée *Les Galoubies*. En face de la grille
d'entrée de ce domaine se trouve la *Source La
Vallière*, aux eaux richement minéralisées [1].
On continue à suivre la route tout droit, et
l'on débouche sur le boulevard des Salins, près
du bureau d'octroi.

On peut profiter de cette promenade pour
visiter une curieuse construction qui passe
pour être la plus ancienne de Clermont. On
l'appelle le *château* ou le *mur des Sarrazins*
bien qu'elle soit évidemment gallo-romaine.

A cet effet, on prend la rue Haute-Saint-
André prolongée, qui fait angle avec le boulevard des Salins, longe les bâtiments de l'usine
Conchon et coupe la route de la Poudrière; elle
aboutit rue Blatin. Cent pas environ avant
d'arriver à cette rue, s'embranche à gauche

---

[1] Pour les détails voir aux Annonces page 1.

une ruelle. On s'y engage et, à une trentaine
de pas, on aperçoit sur la gauche le *mur* en
question. Il est assez bien conservé, mais
malheureusement une palissade le cache en
partie.

La rue Blatin conduit : à droite, place de
Jande, à gauche, à Chamalières.

III. Chemin des Roches

Comme pour l'excursion précédente, après
avoir passé sous le viaduc du chemin de fer, on
prend, à droite, le chemin qui monte vers la
gare, puis, à gauche, celui qui commence entre
les deux ponts. Arrivé en face l'entrée de la
cour des marchandises, on prend le petit chemin à gauche et on le suit tout droit. Il est
intéressant surtout parce que, dans sa première
partie, il permet de jouir d'une très agréable
vue sur les coteaux couverts de vignes et sur
un coin de la Limagne. Le chemin auquel il
aboutit conduit: à gauche, à l'avenue des
Thermes, qui va de Royat à Chamalières ; à
droite, au chemin de La Vallière dont nous
avons parlé à la promenade précédente.

IV. — Chemin des Garnaudes

C'est le premier chemin qui s'embranche à gauche sur l'avenue de Royat, lorsqu'on a passé le viaduc du chemin de fer (en venant du Parc). Il suit d'abord une direction presque parallèle à l'avenue, puis il oblique à gauche pour aboutir à la voie romaine de Villars. C'est un très ancien chemin, ainsi qu'on en peut juger par les érosions qui ont profondément entamé les roches où, sur certains points, il est établi.

Si l'on veut se rendre rapidement à Chamalières on suit la voie romaine à droite. Si l'on désire prolonger la promenade, on prend, en face, le chemin qui fait angle avec l'entrée du pensionnat de Fontmort, et qui longe les jardins de cet établissement. Ce chemin aboutit à la grand'route qui, à droite, conduit à Chamalières.

20. — Promenades à Chamalières et Royat

Chamalières est ce bourg que l'on rencontre à mi-chemin entre Royat et Clermont. On s'y rend par l'avenue de Royat ou par l'un des

chemins indiqués sur la carte au vingt-
millième.

Les fortifications qui y existaient jadis ont
disparu, sauf une tour carrée aux murs très
épais, aménagée aujourd'hui en appartements ;
elle est en bordure sur l'avenue de Royat, en
face du lieu de stationnement des tramways.
Le château féodal a été démoli en 1633 ; il
n'en reste qu'un pan de mur en pierre de taille,
derrière l'église. Cette église, curieuse à visiter,
est située à peu de distance de l'avenue, — d'où
on l'aperçoit. Elle est de style roman ; ses parties les plus anciennes datent du VIIe siècle.

On peut revenir à Royat par l'ancienne
avenue, dite des Thermes, qui aboutit au point où
stationnent les tramways. On longe à gauche les
jardins de la propriété de Montjoly, tracés dans
le style Louis XIV ; puis, dans la région dite les
Roches, on aperçoit les dernières vagues figées
de la coulée de lave de Gravenoire. Sous ces
roches il existe des grottes d'où s'exhalent constamment des vapeurs chargées d'acide carbonique. La plus curieuse est la *Grotte du Chien*
(ouverte au public), située à peu de distance du
Casino.

Dans le parc de l'établissement thermal, près du viaduc du chemin de fer, visiter les substructions de l'édifice des bains gallo-romains, découvertes en 1882 ; (trois piscines; plaques de marbre de diverses couleurs; fragments de voûtes épaisses, etc.). Au bout du Nouveau Parc, après la Poste, un chemin à montées très raides permet, à gauche, de gagner le boulevard Bazin.

A l'origine de ce chemin, le promeneur contemple avec étonnement les hautes murailles de lave, les unes à pic, les autres en surplomb, au pied desquelles court la Tiretaine, et il se demande comment la lave à l'état liquide, ou tout au moins pâteux, a pu se maintenir verticalement sur une pareille épaisseur : — car il est bien évident que les eaux de la petite rivière n'ont pu creuser une pierre d'une telle dureté.

Voici l'explication qui nous paraît le plus plausible :

La Tiretaine n'existait sans doute pas à l'époque où les volcans de la région étaient en activité. Elle est en effet formée surtout par les sources de la Font-de-l'Arbre et de Fonta-

nas, et ces sources, qui résultent de la filtration
des eaux pluviales dans les roches volcaniques,
n'ont jailli qu'après le refroidissement de la
lave. — Lors donc des éruptions du volcan de
Gravenoire, la lave en fusion a dû rencontrer,
à hauteur du Royat actuel, des monticules de
terre ou de roches friables, aux parois plus ou
moins verticales, contre lesquelles elle s'est ac-
cumulée. Plus tard, sous l'action des eaux cou-
rantes, ces monticules se sont peu à peu désa-
grégés, et la lave a été mise à nu.

Le nouveau Royat, — celui de l'établissement thermal, des hôtels et des villas, — est
en grande partie bâti sur l'emplacement de
l'ancien prieuré de Saint-Mart, qui dépendait
de l'abbaye de Saint-Alyre. Nous donnons
d'autre part des renseignements historiques sur
ce prieuré.

A un kilomètre environ du viaduc du chemin
de fer, le vieux Royat s'étage pittoresquement
dans l'étroite vallée de la Tiretaine. Son église
surtout attire l'attention ; anciennement fortifiée, de hauts murs crénelés l'entourent encore
en partie.

Pour faire le tour de l'ancien et du nouveau

Royat, on prend la rue dite Route de la Vallée, qui forme le prolongement de l'avenue de Royat. On arrive ainsi, — plus haut que la vieille église, — au pont qui franchit la Tiretaine. Peu après ce pont, on prend le premier chemin à droite : il passe devant l'école communale et aboutit à la route du Puy de Dôme, près d'un restaurant champêtre dit le Petit Boulogne où, le dimanche, on danse sous les châtaigniers. Pour revenir, on suit tout droit la route carrossable ; elle traverse en plein le bourg et conduit au boulevard Bazin, que l'on rencontre à gauche en arrivant à la petite place Renoux (fontaine). Ce boulevard ramène à l'avenue de la Gare et au Parc.

Pour se rendre à l'église du vieux Royat, on peut prendre soit la Route de la Vallée, soit la Route du Puy de Dôme (après le boulevard Bazin). Dans le premier cas, on trouve, peu après le pont sur la Tiretaine, une rue à gauche qui mène à la place de l'Eglise. Dans le second cas, une rue à droite, au centre du bourg, conduit à cette même place, visible d'ailleurs de la route.

L'église de Royat est classée comme monument historique. Commencée au vii° siècle, elle a été reconstruite en partie au xe. Les fortifications qui l'entourent encore datent du xive siècle. L'ancien clocher était également crénelé. Abattu en 1793, il a été remplacé par la tour octogonale que l'on voit aujourd'hui.

L'église possède une remarquable crypte, divisée en trois transepts par deux rangées de colonnes. Sur l'un des côtés, une source jaillit de la lave.

A voir aussi les restes de l'ancienne salle capitulaire du prieuré.

Sur la place de l'Eglise, on remarque une curieuse croix en pierre, appelée *croix des Apôtres,* parce que douze statuettes y représentent les apôtres. Elle a été édifiée en 1286, ainsi que le prouve une inscription encore visible.

Une autre curiosité du vieux Royat, c'est la grotte naturelle située au-dessous même de l'énorme bloc de lave qui supporte l'église. Cette grotte, qui mesure 30 mètres de longueur, 10 mètres de profondeur et 3 mètres et demi de hauteur, abrite un bassin constamment alimenté par plusieurs sources jaillissant de la lave. Le trop-plein de l'eau s'écoule dans le lit de la Tiretaine.

Les littérateurs l'ont appelée la *grotte des Nymphes;* les gens du peuple (d'après son usage habituel) la désignent sous le nom de *grotte du lavoir*.

Voici en quels termes Charles Nodier la décrit:

« Cette grotte est véritablement délicieuse ; un jour doux y pénètre à peine, et le soleil n'y jette quelques rayons que pour y faire briller les parois humides de la caverne, couverts de lichens, de mousse couleur d'émeraude et de verts capillaires, attachés sur la voûte à des fragments de lave, comme les ornements pendentifs de la clef de l'ogive d'une église gothique d'autrefois, s'entremêlant à des scories volcaniques noires, rouges et violettes, où elles forment une mosaïque brillante. »

Pour se rendre à cette grotte, on prend la route de la Vallée, qui fait suite à l'avenue de Royat, puis le troisième chemin à gauche, à partir de la place Allard, point terminus du tramway (l'origine de ce chemin est à l'angle du Restaurant de la Belle-Meunière). Au fond de la vallée, bifurcation : on prend le chemin à droite; la grotte est à une centaine de] mètres, sur la gauche.

Ce fond de vallée est lui-même très-curieux, avec ses eaux bondissantes, ses escarpements de lave, ses vieilles maisons bizarrement perchées.

Pour suivre au retour une nouvelle direction, on revient à la bifurcation dont nous parlions tout à l'heure, et l'on prend à gauche le chemin qui monte vers la route du puy de Dôme. Puis on suit cette route, — également à gauche, — et l'on ne tarde pas à arriver à la petite place Renoux (fontaine) où aboutit le boulevard Bazin, qui ramènera à l'avenue de la Gare.

Lorsqu'on monte la route de la Vallée, le deuxième chemin que l'on trouve à gauche à partir de la place Allard, permet également de se rendre à la route du puy de Dôme ou au boulevard Bazin. Ce chemin descend au fond de la vallée et franchit la Tiretaine entre une chocolaterie et une blanchisserie. Peu après le pont, sur la rivière, on rencontre une bifurcation : le chemin de droite monte à la route du puy de Dôme, celui de gauche conduit au boulevard Bazin.

5

Nous croyons être agréables à nos lecteurs
en reproduisant la pièce de vers ci-après, qui a
paru dans l'une de nos meilleures Revues.

LE PUY DE DOME

Tout en haut du vallon où court la Tiretaine,
Au-dessus des plateaux d'où jaillit, en flot pur,
Le cristal bondissant de sa fraîche fontaine,
Le mont géant s'estompe en cône sur l'azur.

Fier et sombre, il est roi du paysage immense ;
Du brumeux horizon il émerge, hautain :
Des bords du Cher aux pics voisins de la Provence,
Le voyageur le suit des yeux dans le lointain.

Le soir, le paysan de la verte Limagne
S'accoude sur sa bêche et relève le front,
Pour admirer là-bas, par-delà la campagne,
Le coucher du soleil derrière le grand mont.

D'éclatantes lueurs baignent la cime noire
Et glissent sur les rocs en luisants de métal :

Auréole enflammée, aux longs rayons de gloire,
Empourprant, embrasant l'azur occidental.

Puis le ciel s'appâlit. Une à une s'éteignent
Les lueurs couleur d'or, d'améthyste et de sang.
Le vallon s'obscurcit. Les flancs du mont se teignent
De mourants violets qui vont s'assombrissant.

Maintenant la clarté, défaillante, recule
Devant les flots de l'ombre. Et sur le cône noir,
Pointant au ras du ciel dans le bleu crépuscule,
Voici briller Vénus, l'albe reine du soir.

о°о

Bon géant nous t'aimons ! Quand reverdit la menthe
Un élan filial presse nos pas vers toi.
Tu tends au promeneur une épaule indulgente
Et tu sembles lui dire : « Oh ! ne crains rien de moi !

« Je n'ai point de rochers branlants sur des abîmes,
« Point de fentes s'ouvrant sous mes riants gazons,
« Ni poisons distillés par l'herbe de mes cimes,
« Ni dangereux serpents blottis dans mes buissons.

« — Viens, et tu cueilleras le long des pentes douces
« Les bruyères en fleur, la pensée et l'œillet.
« Viens, j'ai tissé pour toi d'épais tapis de mousses
« Et festonné mes rocs d'odorant serpolet.

« Viens, robuste jeune homme, et venez, enfants frêles :
« J'aurai, pour le repos de vos pas chancelants,
« Des abris sous les pins et les noisetiers grêles
« Qui, comme des chevreaux, escaladent mes flancs.

« Sous le vaste ciel clair, vous goûterez l'ivresse
« De l'air purifié, plein d'agrestes senteurs.
« Sur vos fronts glissera l'âpre et douce caresse
« Du grand souffle aromal régnant sur les hauteurs.

« A vos pieds vous verrez, profond comme un abîme,
« L'espace dérouler ses féeriques tableaux,
« Et vous contemplerez un horizon sublime
« S'étageant vers le ciel en immenses plateaux. »

o^oo

Ancêtre vénéré, tu vis aux lointains âges
Surgir les volcans, tels des dragons colossaux.
Tu fus témoin de leurs fureurs, de leurs ravages.
Calme, tu dédaignais leurs impuissants assauts.

Cent bouches vomissaient des cascades brûlantes
Où bouillonnaient, fondus, le granit et le fer.
Les hauts plateaux craquaient dans leurs bases tremblantes,
La lave en feu grondait au loin comme une mer.

Enfin, royal Berger du noir troupeau des Dômes,
Tu vis domptés, soumis, les monstres pantelants !

A leur pied grandit l'herbe et jaunirent les chaumes,
Et de touffus halliers étreignirent leurs flancs.

— Que de siècles de paix féconde s'écoulèrent
Jusqu'aux jours où, frappés de ton auguste aspect,
Les Romains triomphants à ta cime élevèrent
Ce temple, objet encor d'un si pieux respect !

Tu vis d'autres autels lorsqu'une foi nouvelle
Eut détrôné les dieux qu'adoraient nos vainqueurs.
Mais qu'as-tu fait, dis-nous, de l'antique chapelle
Où nos fervents aïeux humiliaient leurs cœurs?

Nous aussi, noble mont, un frisson nous pénètre
Lorsque nous contemplons ton Dôme solennel.
Et comme le Romain, et comme notre ancêtre,
Nous aimons y rêver au mystère éternel.

Clermont ••••

•••••• et ses Environs

DEUXIÈME PARTIE

Renseignements généraux sur la région

Clermont-Ferrand

Histoire. — L'origine de Clermont, de même que celle des principales cités arvernes, se perd dans la nuit des temps. Une légende rapporte que ces centres ont été fondés par des colonies grecques. Chose curieuse, cette tradition se conserve dans plusieurs anciennes familles du pays. Ainsi les de Dienne devraient leur nom à Diane [1], et dans les armes des d'Auzolles figurent trois Apollons vêtus en bergers.

---

(1) Cette famille est appelée *Diana* dans une charte visée à Usson, en 1369, par Jean, duc de Berry et d'Auvergne.

Quoi qu'il en soit, les Arvernes étaient connus au sixième siècle avant notre ère. Ils se trouvaient parmi les Gaulois qui, sous la conduite de Bellovèse, conquérirent la partie de l'Italie appelée depuis Gaule Cisalpine. Les Carthaginois, devenus maîtres de la Gaule méridionale conclurent avec eux un traité, tout à l'honneur des femmes de cette époque : « Les deux peuples, dit Plutarque, firent un pacte et convinrent, d'un côté, que si les Gaulois avaient à se plaindre des Carthaginois, le jugement serait soumis aux préteurs et généraux Carthaginois qui étaient en Espagne ; de l'autre, que si les Carthaginois avaient à se plaindre des Gaulois, le différend serait jugé par des femmes gauloises ; car il existait un tribunal de femmes, établi à la suite d'une sédition que l'entremise des femmes gauloises avait calmée. »

La ville de Clermont s'élève sur l'emplacement du bourg de *Nemosus* ou *Nemetum*, pris par les Romains après la défaite de Bituitus, dernier roi des Arvernes.

Séduits par la beauté du pays, les vainqueurs dotèrent Nemetum de privilèges et d'établisse-

ments importants. La ville, devenue florissante,
prit, pour flatter Auguste, le nom d'Augusto-
Nemetum. L'empereur, reconnaissant, lui donna
le droit de cité romaine et fit élever dans ses
murs un capitole. C'est probablement de cette
époque que datent le temple du puy de Dôme et
les thermes de Royat.

Jusqu'au cinquième siècle, Augusto-Nemetum, comme les peuples heureux, n'a pas
d'histoire. C'est l'âge d'or de l'Arvernie et,
d'ailleurs, de la Gaule entière.

Vers 407 apparurent les hordes germaniques
de Crocus puis, un peu plus tard, les Visigoths,
commandés par Euric. La cité gallo-romaine
fut détruite de fond en comble.

Sur son emplacement une nouvelle ville ne
tarda pas à s'élever. Elle prit le nom du château-fort qui dominait le monticule : Clarus-
Mons ; c'est déjà le nom moderne dans sa forme
latine.

Alaric, successeur d'Euric, ayant été tué par
Clovis à la bataille de Vouillé, le vainqueur
chargea son fils Thierry de s'emparer de l'Auvergne. Cette province se soumit sans difficultés.

Mais des séditions éclatèrent bientôt. Thierry revint à Clarus-Mons et brûla ou saccagea toute la contrée. — Il ne laissa de ce beau pays, dit Grégoire de Tours, que le sol qu'il ne pouvait pas emporter.

Clermont, relevé de ses cendres, jouit jusqu'au huitième siècle d'une tranquillité relative. La ville était gouvernée par un comte et des officiers francs ; mais, en réalité, le premier magistrat était l'évêque, élu directement par le peuple.

A partir de 730, une série inouïe de calamités fond sur Clermont. Il faut à la cité arverne, pour survivre à tant de désastres, une extraordinaire vitalité.

Ce sont d'abord les Sarrazins, qui renversent les églises et livrent la ville aux flammes.

Puis Pépin-le-Bref envahit la contrée, afin de punir le comte Blandinus qui s'était déclaré en faveur de Waïfre, duc d'Aquitaine. Clermont est saccagé et son château-fort détruit. Pépin renverse également la forteresse qui couronnait le puy Chasteix, près Royat.

La ville s'était relevée de ses ruines lorsque

les Normands, qui avaient remonté l'Allier sur
leurs légères barques, apparaissent sous ses
murs. Nombreux et bien armés ils triomphent
de la résistance des habitants, envahissent la
cité et ne se retirent que gorgés de butin. Deux
autres fois ils reparaissent, ne laissant après
eux que ruines et décombres. — Ils inspiraient
tant de terreur, dit un historien, que les habitants ne songaient qu'à s'enfuir dans les montagnes, dès qu'ils entendaient retentir le cor
d'ivoire des pirates.

En 1095, Clermont est le théâtre de l'un des
évènements les plus importants de l'histoire de
France : Le pape Urbain II, assisté du moine
Pierre l'Hermite, y vient prêcher la croisade
contre les Infidèles.

Une foule immense était accourue de tous les
points de la France ; elle se pressait sur les
pentes, alors dénudées, du quartier actuel de la
place Delille et de la gare, tandis que du haut
d'une estrade, élevée non loin de la basilique de
N.-D. du Port, le pape et le moine alternaient
leurs harangues enflammées.

Les prédications durèrent neuf jours. Après

l'imposante cérémonie qui clôtura le concile, la foule fut si nombreuse des guerriers qui attachèrent à leur poitrine la croix rouge que, dit-on, les étoffes de cette couleur manquèrent à Clermont.

La capitale arverne était loin d'en avoir fini avec les sièges et les désastres.

Par deux fois Louis-le-Gros, à la tête d'une armée importante, dut venir châtier les habitants de Clermont, coupables d'avoir chassé leur évêque Etienne de Mercœur. Un peu plus tard, un autre évêque fut également expulsé par les Clermontois. Les troupes royales vinrent mettre le siège devant la ville, et rétablirent de vive force le prélat dans son autorité.

Le temps était passé des saints évêques comme les Sidoine Apollinaire, les Avit, les Genest. Avec eux avaient disparu les mœurs simples, le goût des lettres, la charité des premiers siècles. Les prélats, disent les historiens, étaient devenus des seigneurs féodaux, guerroyeurs et violents. Dans les processions on les voyait le faucon sur le poing, suivis de serviteurs menant des chiens de chasse.

Pendant la guerre de Cent-Ans, les Anglais, maîtres du Midi de la France, ravagèrent la Limagne et causèrent beaucoup de mal à Clermont.

Au temps de la Ligue et des factions religieuses, les Clermontois demeurèrent fidèles au pouvoir royal. Pour les récompenser, Henri III leur donna le bureau des finances et la chambre des monnaies, enlevés à Riom qui tenait pour les Ligueurs.

L'Auvergne et sa capitale furent réunies à la couronne par Catherine de Médicis qui les avait reçues en legs de la comtesse Anne. En 1630, par édit de Louis XIII, Montferrand fut joint administrativement à Clermont. Cette dernière ville prit dès-lors le nom de Clermont-Ferrand.

A partir de cette époque la capitale de l'Auvergne jouit d'une tranquillité relative. Jusqu'à la Révolution, l'événement le plus important est l'installation du tribunal des Grands-Jours, le 27 Novembre 1665. Cette haute cour de justice fonctionna plus de six mois. Elle eut à instruire des milliers de plaintes lancées contre les seigneurs de la région. Des exécutions

capitales eurent lieu. De nombreuses confisca-
tions ou démolitions de châteaux furent ordon-
nées.

Ces assises mémorables ont eu pour historio-
graphe Fléchier qui, en qualité de précepteur
des enfants de M. de Caumartin, maître des re-
quêtes au tribunal des Grands-Jours, avait
accompagné ce magistrat en Auvergne. Le ma-
nuscrit de Fléchier a été publié pour la première fois en 1847, par M. Gonod, bibliothécaire
de la ville de Clermont.

A la Révolution, Clermont devint le chef-lieu
du département du Puy-de-Dôme.

Monuments. — Il ne reste plus rien de la
célèbre abbaye de Saint-Alyre, fondée par
l'évêque de ce nom. Elle était située en dehors
des remparts, dans la partie basse qui avoisine
la Tiretaine. Voici, d'après Grégoire de Tours,
comment Saint-Alyre bâtit une église pour
son monastère :

« La réputation de sainteté de l'évêque de
Clermont était parvenue à Maxime, empereur
de Trèves, dont la fille souffrait d'une maladie

réputée incurable. Maxime envoie prier le saint
de daigner venir à Trèves, visiter sa fille. Saint
Alyre accède à cette prière. A peine arrivé, il
reconnaît que la jeune fille est possédée du
démon. Il se met aussitôt en oraisons, exorcise
la princesse et, par trois fois, ordonne au démon
de sortir. Le malin esprit ne put résister aux
injonctions du saint Evêque, et il dut quitter le
corps qu'il avait choisi pour demeure. Mais
avant de laisser partir l'esprit de ténèbres, saint
Alyre lui ordonna de lui fournir au plus tôt
les colonnes de marbre dont il avait besoin
pour construire l'église de son monastère. Le
diable obéit et, à travers les airs, apporta à
Clermont les colonnes exigées pas saint Alyre ».

C'est dans l'église de ce monastère qu'étaient
inhumés saint Injuriosus et sainte Scolastique,
que la légende appelle les *amants de Clermont.*
Leur naïve et touchante histoire a été recueillie
par Grégoire de Tours. Nous la résumerons
brièvement :

Injuriosus, fils d'un sénateur de Clermont,
aimait la belle Scolastique, dont il était égale-

ment aimé. Les parents des deux amants con-
sentirent à leur mariage. Après les cérémonies
nuptiales, lorsque Injuriosus se trouva seul
avec sa jeune épouse, il fut surpris de la voir
fondre en larmes et montrer les signes de la
plus vive douleur. Elle lui avoua alors que,
depuis plusieurs années, elle s'était engagée
par un vœu solennel à vivre en état de chasteté,
mais que l'amour qu'elle éprouvait pour Injuriosus lui avait fait oublier ce serment sacré.
Aujourd'hui le ciel lui reprochait son crime, et
elle voyait l'enfer s'ouvrir devant ses pas. — Je
remets mon éternité entre vos mains, ô mon
époux bien-aimé ! acheva-t-elle. — Injuriosus,
touché, lui promit de respecter l'engagement
qu'elle avait pris devant Dieu. Ils vécu-
rent de longues années, n'ayant, dit Grégoire
de Tours « qu'une même volonté, qu'une âme et
qu'un lit ».

L'épouse-vierge mourut la première. Injuriosus ne put survivre longtemps à sa douleur.
Leurs tombeaux furent placés dans l'église de
Saint-Alyre, mais ils étaient séparés par toute
la largeur de l'édifice. Une nuit, un miracle se

produisit : les deux tombeaux s'étaient rappro-
chés et n'en formaient qu'un seul, renfermant
les corps des chastes époux. — La mémoire des
deux amants fut longtemps vénérée dans la
région et attira de nombreux pélerins au monastère de Saint-Alyre.

La plus ancienne église de Clermont est la
basilique de N.-D. du Port, située près de la
rue du Port (ce mot signifiait autrefois *marché*).
C'est aussi l'une des plus vieilles églises de
France. Fondée par saint Avitus, au sixième
siècle, elle fut incendiée au neuvième, par les
Normands. Un autre évêque, saint Sigon, la
releva et lui rendit son ancienne splendeur.

Les deux clochers sont modernes. L'un carré,
placé au-dessus du porche, date de 1825.
L'autre, octogonal, élevé sur la croisée du transept, a été construit en 1846.

Cette église, classée parmi les monuments
historiques, est un remarquable spécimen de
l'art roman-auvergnat. Construite sur le plan
d'une croix latine, elle se compose d'une nef
avec ses bas-côtés, d'un transept, d'un chœur

entouré d'un deambulatorium sur lequel s'ouvrent quatre chapelles rayonnantes. Parmi les
42 chapiteaux de la nef, certains sont fort remarquables; quelques-uns datent du sixième siècle.
A l'extérieur se voient des parties de murs
ornés de pierres rouges, blanches et noires formant une élégante mosaïque

Notre-Dame du Port possède une crypte, ou
chapelle souterraine, très-renommée dans la région. Cette crypte reproduit le plan du chœur de
de l'église supérieure, avec ses quatre chapelles
rayonnantes. On y vénère une Vierge miraculeuse qui paraît être du quatorzième siècle. La
statuette a 33 centimètres de hauteur; elle est
en bois noirci et doré, et ornée d'une riche couronne bysantine.

Cette chapelle souterraine est un lieu de
pèlerinage très-fréquenté. Chaque année, le
dimanche qui suit le 16 mai, la Vierge noire
est portée processionnellement à travers la ville.
Plusieurs évêques assistent à cette solennité.

Notre-Dame du Port a servi à diverses reprises
d'église Cathédrale. Parmi les privilèges que,
d'après les historiens, possédait son chapitre,

6

il en est un fort curieux: « Le doyen avait le
droit d'assister au chœur et d'officier en tenant
sur son poing un épervier ou un autre oiseau de
chasse ; de se faire précéder dans les processions d'un piqueur tenant ses chiens en laisse ;
d'avoir pendant la messe son épervier sur une
perche près de l'autel, et, sur l'autel même, un
heaume et une cuirasse ; enfin, pendant le chant
de l'évangile par le diacre, de se tenir tourné
vers le peuple avec une hallebarde dans la
main droite et son épervier sur la main gauche. »

L'église a été érigée en basilique en 1880.

Cathédrale. — La Cathédrale ou Notre-Dame
de Clermont est incontestablement le plus beau
monument de la ville. Admirablement située,
elle domine le paysage, et ce sont ses élégantes
flèches à jour que voit d'abord le touriste qui
vient de la haute Auvergne, lorsqu'il découvre
entre deux rochers une portion de la Limagne.
Ces flèches, du plus pur gothique, ont été ter-
minées il y a quelques années seulement ; mais
grâce à la couleur sombre de la pierre volcanique dont elles sont bâties, elles ont presque

CATHÉDRALE DE CLERMONT

la même teinte et semblent aussi anciennes que l'antique vaisseau qu'elles surmontent.

A la place du monument actuel, il existait jadis une église de style bysantin; comme elle menaçait ruine, l'évêque Hugues de la Tour, de la maison d'Auvergne, conçut le projet de la remplacer par une église plus grandiose et construite dans le style ogival auquel on devait déjà de merveilleux édifices.

Les fondations furent commencées en 1248, mais le voyage d'outre-mer que Hugues de la Tour fit avec saint Louis retarda la réalisation de ce grand dessein. Les travaux reprirent en 1253 avec beaucoup d'activité. En 1262 ils étaient déjà très-avancés. A cette époque saint Louis vint en Auvergne à l'occasion du mariage de son fils aîné, Philippe, avec Isabelle d'Aragon. Le pieux roi contribua par ses largesses à l'œuvre de Notre-Dame de Clermont. Cependant, peu après sa mort, les travaux furent de nouveau suspendus. Puis vinrent les invasions des Anglais. L'Auvergne se battit contre eux pendant plus de cent ans. Les hommes et les ressources manquaient donc pour l'achève-

ment de l'église épiscopale. D'autre part, le
diocèse de Clermont se trouva affaibli de cinq
cents paroisses par la création, en 1308, de
l'évêché de Saint-Flour.

Ce fut sous Charles VII, en 1440, que l'on
reprit le projet de terminer l'édifice de Notre-
Dame de Clermont. Il existe au dépôt des
archives de la Préfecture un curieux plan du
monument, tiré du chartrier du Chapitre de la
Cathédrale. Ce plan, exécuté à la plume sur un
volumineux parchemin, représente l'élévation
et les détails des trois portes de la façade
occidentale, — celle que l'on a en face de soi
lorsqu'on monte la rue des Gras. — Mais on se
borna à des constructions partielles. Ce n'est
que dans la seconde moitié du xixe siècle
que le plan de 1440, repris et complété par
Viollet-Leduc, fut exécuté de la façon la plus
heureuse. Il reste cependant à construire l'escalier monumental qui, de ce côté, doit
donner accès à l'édifice ; mais la place manque,
et il faut attendre que les rues avoisinantes
aient été élargies.

La Cathédrale de Clermont appartient, dans

sa masse principale, à la première période de l'architecture gothique. Elle fut bâtie sur les plans d'un architecte dont l'histoire nous a conservé le nom, *Johannes à Campis* (Jean Deschamps). Un archéologue dit : « La hauteur des voûtes et le développement de cet édifice, qui ne le cède ni à Notre-Dame de Paris, ni à l'église de Saint-Denis, annoncent un monument de premier ordre, tel que le comportait la splendeur de l'antique cité au sein de laquelle il s'éleva ».

Au commencement du seizième siècle, un évêque ami des arts, Jacques d'Amboise, dota la cathédrale de cette belle toiture de plomb qui doit braver les siècles.

L'examen de l'édifice, d'accord avec la tradition, prouve que la construction en a été rapide et, pour ainsi dire, d'un seul jet ; il ne faut séparer du corps primitif que certains détails d'ornementation d'un style relativement moderne. On admire avec raison l'harmonie et les dispositions grandioses de l'ensemble. Les caractères les plus importants de l'art gothique : l'élancement et la légèreté, se manifestent ici

d'une manière éclatante, et dès l'entrée
on est frappé de la hardiesse des voûtes et de
la hauteur des piliers. Ces piliers sont com-
posés de plusieurs fûts groupés, couronnés de
chapiteaux à feuillages.

Dans toutes les parties de la primitive construction, la forme constante des arcs est l'ogive
en tiers-point, excepté dans l'amortissement
des travées de la grande nef où elle devient
très aiguë. Les deux tours latérales, demeurées
inachevées, datent du quinzième siècle.

Le portail du nord est orné de curieuses sculptures, dont quelques-unes mutilées.
Celui du midi, qui fait face à la place Royale,
a été témoin jadis d'une scène caractéristique
qui mérite d'être rappelée. C'était peu après
le règne de François Ier. La mode de porter
la barbe longue gaguait tout le monde,
jusqu'aux prélats. L'évêque de Clermont,
Guillaume du Prat, pendant son séjour au
concile de Trente, avait laissé grandir sa
barbe — fort belle, dit-on. — A son retour du
concile, il voulut faire une entrée solennelle
dans sa cathédrale. Mais au moment d'y péné-

trer, il se trouva en face de ses chanoines qui, la mine sévère, lui présentèrent les statuts du Chapitre, des ciseaux et un rasoir. Alarmé par ce menaçant appareil, le prélat se retira en disant : « Je sauve ma barbe et laisse mon évêché ». — Et il partit pour son château de Beauregard.

Les fenêtres de l'abside sont garnies de magnifiques vitraux peints du treizième siècle, assez bien conservés, qui représentent l'histoire légendaire de plusieurs saints. Les verrières de la nef sont du seizième siècle ; elles n'égalent pas les précédentes. A signaler, d'autre part, des vitraux d'une rare beauté, en néphrite de Sibérie, offerts il y a quelques années par M. Alibert.

La hauteur totale des flèches est de 108 mètres.

N'oublions pas enfin de mentionner l'horloge appelée Jacquemart, placée à l'intérieur de l'église. Des personnages armés de marteaux : *Mars, Faunus, Tempus,* viennent tour à tour frapper les heures sur un timbre. Ce Jacque-

mart a été enlevé à l'église d'Issoire pendant
les guerres de religion.

Autres églises. — Nous signalerons : *Saint-
Pierre-les-Minimes*, située place de Jaude;
bâtie en 1630 par les religieux Minimes, dont
le couvent était voisin; agrandie récemment et
ornée d'un dôme rappelant en petit celui de
Saint-Pierre de Rome; boiseries remarquables;
quelques bonnes toiles, notamment une Ado-
ration des Mages, attribuée à un cordelier.

Saint-Eutrope, construite en 1858, élégant
édifice dans le style du xiv⁰ siècle ; la flèche,
très élancée, domine le quartier où s'élevait
jadis la riche abbaye de Saint-Alyre.

Saint-Genès-les-Carmes, située derrière le
lycée Blaise-Pascal; commencée au xiv⁰ siècle;
le clocher, moderne (1849), ne manque pas
d'élégance; aux clefs de voûte de la nef et sur
les murs, on remarque divers blasons d'anciennes familles.

Saint-Joseph, rue Jeanne d'Arc, près la
gare; cette église, encore inachevée, est d'un
beau style romano-bysantin; façade très-ornée.

Edifice dû à l'initiative et au dévouement de M. l'abbé Cluzel, curé de cette nouvelle paroisse.

Chapelle des Carmes-Déchaux, située près de l'entrée du cimetière; cet édifice, qui date de 1720, est un peu lourd, avec son dôme bas, ses lignes sévères et ses pilastres néo-grecs. On voit en Espagne nombre de monuments religieux de ce style, improprement appelé *renaissance.*

L'autel est formé d'un curieux sarcophage gallo-romain, orné de remarquables sculptures. On dit qu'il a enfermé les restes de Sidoine-Apollinaire, le célèbre évêque de Clermont.

Monuments civils. — Citons: *la Préfecture,* avenue Desaix; bâtie en 1855 sur l'emplacement d'un ancien couvent de Cordeliers. Riches archives départementales.

Le *Palais Episcopal,* rue Pascal. Hôtel du XVII° siècle; a appartenu au dernier intendant d'Auvergne, M. de Chazerat.

L'*Hôtel-Dieu,* vaste édifice dont les jardins

sont contournés par le boulevard Gergovia; date de 1767.

L'*Hôpital-Général*, situé dans le quartier Fontgiève possède dans une salle de réception de remarquables portraits sur toile.

L'*Hôtel-de-Ville*, rue du même nom (près la Cathédrale) Le *Palais de Justice* y est annexé. Edifice néo-grec, achevé en 1843; œuvre de M. Ledru. Dans la cour, statue du jurisconsulte Domat.

Le *Palais des Facultés*, attenant au jardin public. Elevé en 1861. La façade qui donne sur le jardin, briques rouges et pierres de taille, est d'un heureux effet.

Le *Lycée Blaise-Pascal*, ancien et célèbre collège de Jésuites. Construit en 1675 sur les plans du Père Jésuite Chéneau.

La *Fontaine d'Amboise*, à l'angle du cours Sablon et de l'avenue Carnot. Très-curieux spécimen de l'art de la Renaissance. Cette fontaine, entièrement en pierre volcanique de Volvic, a été élevée en 1515 par les ordres de Jacques d'Amboise, évêque de Clermont. Au sommet est un Hercule ou un sauvage, armé

d'une massue et appuyé sur les armoiries de la
maison d'Amboise. On admire dans ce bijou
architectural les caprices du style Renaissance
unis aux fantaisies de l'art gothique : le plan,
les vasques, les arabesques. sont dans le goût
gracieux des édifices civils du seizième siècle,
tandis que les personnages, par leurs attitudes,
leurs grimaces, leur nudité, rappellent les
figures grotesques sculptées sur les chapiteaux
ou dans les frises des cathédrales du moyen-
âge.

Jardins et Places. — Le *Jardin public*,
appelé aussi *Jardin Lecoq*, est situé à l'extrémité sud-est de la ville. Vaste, heureusement
distribué, il constitue un lieu de promenade
des plus intéressants. Il a commencé par être
un jardin botanique, où, en 1769, l'abbé
Delarbre, curé de la Cathédrale et historien
estimé, donnait des leçons très-suivies. Le
tracé actuel date de 1863. M. Lecoq, professeur
et naturaliste, a grandement contribué à l'ex-
tension et au bon aménagement de ce Jardin,
auquel il a légué de magnifiques serres.

Le *square Blaise-Pascal*, situé entre la
place du Poids-de-Ville et celle de la Poterne,
possède une remarquable statue du grand
homme qui lui a donné son nom. Pascal, assis,
regarde le puy de Dôme où, sur ses indications,
furent faites de célèbres expériences relatives
à la pesanteur de l'air. La statue en bronze a
été modelée par Guillaume (de l'Institut) et
fondue par Barbedienne. Le piédestal est en
granit rose d'Ecosse, et les pyramides de
l'éxèdre en calcaire de l'Ardèche.

La *place de Jaude* est le centre le plus
vivant de Clermont ; l'été surtout elle présente
une animation qui ne manque pas de pittoresque. Les foires qui l'encombraient une partie
de l'année vont être transportées sur la *place
des Salins*, récemment construite au sud de la
ville. La place de Jaude est très-ancienne. A
l'époque gallo-romaine, il s'y trouvait un temple et un prétoire. Au moyen-âge, elle servait
de champ d'exercices aux hommes d'armes.
Située en dehors des remparts, elle était aussi
un lieu de promenade pour les habitants de la
cité. — A l'extrémité Sud, statue en bronze du
général Desaix, due au sculpteur. Nanteuil.

BLAISE PASCAL

La *place de la Poterne*, située à peu de distance de la Cathédrale, et d'où l'on jouit d'une vue merveilleuse.

La *place Delille*, à l'extrémité de la rue du Port. Là, le pape Urbain II et Pierre l'Hermite prêchèrent la première croisade. — (Nous avons parlé de ces deux places dans l'excursion n° 20).

En descendant de la place de la Poterne on arrive à une autre place, ou plutôt à un cours planté d'arbres, appelé la place d'Espagne; nom dû à ce que les terrassements de cette esplanade ont été exécutés par des Espagnols, prisonniers de guerre.

La *place du Terrail,* située derrière la Cathédrale, à l'origine de la rue Pascal, possède une vieille et curieuse fontaine, en partie mutilée. *Terrail* était le nom de la poterie que des marchands vendaient en ce lieu.

La *place Royale*, située au sud de la Cathédrale, est appelée à être agrandie et embellie. On y a inauguré en 1898 le monument *des Croisades,* surmonté de la statue en bronze du pape Urbain II. Les sculptures de ce monument ne sont pas encore achevées.

La *place Michel-de-l'Hospital*, dont la pente descend au cours Sablon, est en partie située sur l'emplacement de l'ancien château-fort qui a donné son nom à la ville de Clermont.

Curiosités à visiter. — Beaucoup de rues, principalement entre la Cathédrale et la place Delille, ont en partie conservé leur physionomie moyen-âge. Elles sont étroites, tortueuses, et bordées de maisons à capricieuse architecture. Les principales sont la rue du Port et la rue Pascal. Ces voies étaient habitées par la noblesse et les gens de robe. On y remarque encore nombre d'hôtels seigneuriaux d'un intéressant caractère.

Parmi les anciennes constructions, citons : d'abord le mur dit *des Sarrasins*, qui date de l'époque gallo-romaine (nous en avons parlé à l'excursion n° 19) ; puis, rue des Chaussetiers, n° 3, la maison de la famille Savaron, bâtie en 1513 ; rue Savaron, n° 1, le logis du xvi⁰ siècle dans lequel est mort Jean Savaron, magistrat célèbre ; place Saint-Pierre une habitation du xiii⁰ siècle ; rue des Chaussetiers plusieurs maisons du moyen-âge, construites sur de vastes caves voûtées en ogive ; rue des Gras, n⁰ 34, la maison dite des *Architectes* (de la Cathédrale) dont la cour est ornée d'une magnifique cage d'escalier ; même rue, n⁰ 14, la maison des *Chanoines*, curieux bas-relief. Enfin, çà et là, sur les façades qui bordent les vieilles rues ou dans les cours que laissent entrevoir des portes à lourdes ferrures, le promeneur remarque une foule d'intéressants détails : armoiries taillées en pleine pierre volcanique ; balcons à mâchicoulis par où l'on pouvait jeter sur des assaillants l'eau ou l'huile bouillante ; tourelles surmontées d'un belvédère ; escaliers variés : les uns en colimaçon et très étroits, les autres aux larges degrés, aux cages ornées de sculptures, etc.

Musées et Bibliothèques. — La Bibliothèque publique, les Musées lapidaire et de peinture, sont logés dans le bâtiment situé à l'angle du Jardin public et de la place Lecoq.

(On doit prochainement construire un édifice plus digne des Musées; un généreux Clermontois, M. Bargoin, a légué à la ville, pour cet objet, une somme de deux cent mille francs).

La Bibliothèque est ouverte tous les jours, sauf les dimanches et jours fériés, de 9 h. à 11 h. du matin et de 1 h. à 4 h du soir, Elle a été formée, pendant la Révolution, des bibliothèques du Chapitre de la Cathédrale et des couvents supprimés. Elle compte 40.000 volumes et un grand nombre de manuscrits. Parmi ces derniers, on remarque une Bible du XIIe siècle (n° 1 du catalogue), ornée de curieuses miniatures.

Les Musées sont ouverts tous les jours, excepté le lundi, de 10 h. à 4 h.

Le Musée lapidaire et d'objets antiques comprend une collection de silex taillés, des haches et des flèches celtiques en pierres diverses, des couteaux de *sacrifices druidiques* en silex. L'époque gauloise est représentée par des vases en terre noire, des instruments en os, des objets de bronze très-variés : armes, chaînes, parures, etc.

Les vestiges de l'époque gallo-romaine sont
très-nombreux : autels votifs, cippes, colonnes
milliaires, chapiteaux, frises sculptées, etc.; —
de la poterie rouge, dite samienne, des lampes,
des urnes en terre; — des vases en verre ; —
des armes de fer ou de bronze, etc. — Parmi
les objets trouvés au sommet du puy de Dôme,
il convient de citer une plaque votive de
bronze portant l'inscription ci-après, qui a
levé les doutes sur la destination de l'édifice
dont on venait de découvrir les fondations :

NVM AVG
ET DEO MERCVRI
DVMIATI
MATVTINIVS
VICTORINVS
D.   D.

Cette inscription a été ainsi rétablie : *Nomi-*
nibus Augustis et Deo Mercurio Dumiati
Matutinius Victorinus dono dedic...
et traduite comme suit :

Aux divinités augustes et au dieu Mercure,
Domien Matutinius Victorinus l'a dédié.

Le moyen-âge est représenté par des sarcophages en domite, des pierres tumulaires avec
inscriptions, des cariatides, des clefs de voûte
sculptées, — des armes très variées, — des
faïences, des émaux, etc.

Le *Musée de peinture* compte 180 toiles.
Parmi les plus dignes d'attention nous citerons:

D'*Hyacinthe Rigaud*, deux portraits : le sien
et celui de Puget ; de *Jacques Callot*, trois
tableaux ayant pour sujet les Misères de la
guerre ; de *Van der Meulen*, Incendie ; de *David
Téniers*, Fumeurs ; du *même*, Ronde de Farfa-
dets ; de *Philippe de Champagne*, l'Annoncia-
tion ; de *François Porbus*, une Cuisine ; de
Valentin, l'Arracheur de dents ; du *même*, Di-
seuse de bonne aventure ; de *Clouet*, (attribué
à), Portrait du maréchal de Rieux ; de *Géricault*,
Etude pour le radeau de la Méduse ; de *David*,
Esquisse du tableau : l'enlèvement des Sabines ;
de *Schenk*, la Tourmente ; de *Nicolas Berthon*,
une Procession à Saint-Bonnet.

Le *Musée d'Histoire naturelle* se trouve

également place Lecoq (sur la face qui fait angle droit avec le Jardin public). Ouvert les dimanches et jeudis de 10 h. à 3 h. et, pour les étrangers, tous les jours. A été légué à la ville de Clermont par feu M. Lecoq. Renferme de riches collections ornithologiques, botaniques et minéralogiques.

Hommes célèbres nés à Clermont. — Nou citerons : *Sidoine Apollinaire* (a vécu au ve siècle) célèbre évêque, poète et historien ; *saint Grégoire de Tours*, mort vers 595, esprit supérieur à son siècle ; historien naïf et couteur aimable, mais critique peu sévère ; *saint Genès,* évêque, mort vers 660, a laissé dans la région un persistant souvenir ; *Melio,* cardinal, mort en 1185 ; *Jean Savaron*, mort en 1622, magistrat distingué et écrivain judicieux ; député du Tiers-Etat aux Etats-Généraux de 1614 ; *Blaise Pascal,* mort en 1662, l'une des gloires de la France (nous relatons plus loin la célèbre expérience que fit au sommet du puy de Dôme, sur ses indications, son beau-frère *Périer; Jean Domat,* mort en 1696, jurisconsulte érudit (sa

statue est dans la cour de l'Hôtel-de-Ville) ;
l'*abbé Delarbre,* mort en 1807, savant naturaliste ; *Jacques Delille,* traducteur et poète célèbre, mort en 1813 ; *Dulaure,* mort en 1835,
auteur de remarquables études historiques ; *De
Montlosier,* mort en 1838, député, publiciste
distingué.

Armoiries. — Les armes de la ville de Clermont sont : *d'azur à la croix de gueules bordée
d'or, cantonnée d'une fleur de lys d'or.* La croix
rappelle le concile où fut prêchée à Clermont la
première croisade, en 1095 ; (les croisés prirent
pour signe de ralliement une croix d'étoffe rouge
cousue sur la poitrine). Les fleurs de lys d'or
ont été octroyées par saint Louis en 1255. La
bordure d'or de la croix a été ajoutée au
XVIᵉ siècle.

Divers. — La population de Clermont est
d'environ cinquante mille habitants. La ville,
chef-lieu d'un corps d'armée, possède une garnison importante (artillerie et infanterie), de
vastes casernes et un immense dépôt d'appro-
visionnements militaires, situé aux *Gravanches.*
· Elle est le siège d'un Evêché et d'une Univer-

GÉNÉRAL DÉSAIX

sité comprenant la Faculté des Lettres, celle des Sciences, une Ecole de Médecine et diverses annexes : Observatoire météréologique, station agronomique, laboratoire de bactériologie, etc.

Un concours hippique se tient à Clermont chaque année, au commencement de l'été, sur la nouvelle place des *Salins*.

Le commerce de Clermont consiste surtout dans l'expédition, en France et à l'étranger, de fruits confits, de pâtes alimentaires, d'objets manufacturés en caoutchouc, de vêtements confectionnés, etc.

Les Fontaines pétrifiantes

Clermont possède toute une série de sources minérales, échelonnées entre le faubourg de Saint-Alyre et les Salins. Les plus remarquables sont celles appelées *fontaines pétrifiantes*.

Ces sources, dont la renommée est universelle, sont situées près de la Tiretaine, dans un terrain qui appartenait jadis à l'abbaye de Saint-Alyre. Les bénédictins, s'étant servis de l'eau de ces fontaines pour arroser leur verger,

s'aperçurent, non sans surprise, que les légu-
mes se changeaient peu à peu en pierre. Plus
tard ils assistèrent à un nouveau phénomène ;
une source plus élevée que le lit de la Tiretaine,
où elle laissait tomber ses eaux, se mit à déposer
du calcaire sur le sol qu'elle abandonnait ; la couche augmenta graduellement, s'arrondit en
arche, et finit par enjamber complètement le
ruisseau. Un *pont naturel* se trouvait formé,
pont qui n'a pas moins de dix mètres de long
sur cinq de large. Il fut longtemps appelé le
pont du diable. Le roi Charles IX le visita
en 1566.

Aujourd'hui ces curieuses eaux, dirigées vers
des escaliers de bois qu'elles descendent en petites cascades, revêtent d'une couche de fin calcaire les objets sur lesquels on les fait retomber.
Les pétrifications ainsi obtenues sont d'une
grande netteté ; elles reproduisent fidèlement
les plus menus détails : des barbes de plumes,
les nervures d'une feuille, etc.

Ces phénomènes sont de la même nature que
ceux qui produisent les stalactites des grottes.
Leur cause est bien connue :

« Certaines eaux, dit Cuvier, après avoir
dissous des substances calcaires au moyen de
l'acide carbonique surabondant dont elles sont
imprégnées, les laissent cristalliser quand cet
acide peut s'évaporer, et en forment des con-
crétions diverses. »

Il existe à Clermont deux Etablissements
pourvus de sources pétrifiantes et ouverts au
public. L'un, le plus ancien, celui qui possède
le *pont naturel* est situé rue du Pont-Naturel,
44 [1]. L'autre, également fort bien installé, se
trouve à 300 mètres environ du précédent, rue
Gaultier-de-Biauzat ; il est appelé les *Grottes
du Pérou* [1]. Dans ces deux établissements on
pourra admirer des groupes pétrifiés, des animaux divers, qu'on dirait taillés au ciseau. On
y trouvera aussi un grand choix de ces menus
objets, à la fois curieux et jolis, que le touriste
aime à emporter en souvenir de l'Auvergne.

[1] Voir aux annonces, pages 15 et 21.

Montferrand

(*Mons ferratus*, mont fortifié). Petite ville
de 5000 habitants, réunie administrativement à
Clermont par édit de Louis XIII, en 1630. C'est
à partir de cette époque que Clermont s'est
appelé Clermont-Ferrand.

Montferrand, ancienne cité fortifiée, mérite
au moins une visite. Elle est située à environ
un kilomètre au nord-est de Clermont ; une
belle route plantée d'arbres y conduit. On peut
aussi s'y rendre par le tramway électrique.

Au point de vue des guerres, Montferrand a
subi à peu près les vicissitudes de Clermont.
Elle fut prise par Louis-le-Gros en 1126, à la
suite de mutineries. Les Anglais s'en emparè-
rent en 1388.

Montferrand a successivement appartenu
aux comtes d'Auvergne, aux sires de Beaujeu
et aux rois de France. Le dernier de ses seigneurs
fut le comte d'Artois, depuis Charles X.

Les fortifications de la ville ont presque entièrement disparu ; mais il reste à voir plusieurs
maisons intéressantes datant des XIII⁰ XIV⁰ et
XV⁰ siècles, la plupart situées aux alentours de

l'église ; les propriétaires actuels les laissent volontiers visiter. Certaines sont remarquables par les détails de leur façade, d'autres par l'agencement et les sculptures de leurs cours ou de leurs escaliers. Nous citerons : la maison romane dite de *l'Eléphant* (sans doute à cause de ses piliers et de ses arceaux) ; la maison dite d'*Adam et d'Eve*, en raison d'un curieux bas-relief de la cour intérieure ; la maison de l'*Apothicaire* : intéressante façade de charpente, en encorbellement ; l'hôtel de *Jean de Doyat*, situé place de la Rodade : Sur cette place se tiennent périodiquement de très importants marchés de bestiaux. Chaque année, au mois de Mai, a lieu à Montferrand le couronnement d'une rosière.

L'*Eglise* (monument historique classé) était jadis la chapelle du château-fort ; elle a été bâtie au xiiie siècle, puis reconstruite et agrandie au xve. Elle appartient au style gothique flamboyant. Son portail est remarquable, ainsi que ses rosaces. A l'intérieur, très-belles sculptures sur bois ; certains panneaux sont attribués à Jean Goujon.

Montferrand possédait une commanderie de Templiers, dont les bâtiments subsistent encore (rue du Temple).

Froissard dit de Montferrand que « c'était une ville de grand trésor et pillage, riche de soi et bien marchande, où il y avait de riches vilains à grand'foison ; mais que l'on y faisait le plus simple et pauvre guet qui fût au royaume. » — Et il raconte qu'une nuit un chef de bandes, Perrot-le-Béarnais, qui tenait pour les Anglais, y entra par surprise avec quatre cents hommes d'armes, « non toutefois au château-fort dont le châtelain s'empressa de relever le pont-levis.» — La ville fut pillée à fond. « Ils trouvèrent les écrins tout pleins en ces riches hôtels, mais ils les laissèrent tout vides ». Le lendemain ils repartirent, emportant leur butin et emmenant deux cents prisonniers. « Messire de Giac, chancelier de France, y perdit bien en or trente mille francs ».

Les eaux de Royat

Les sources thermales de Royat étaient connues et utilisées dans les temps les plus reculés.

Le captage de la source Saint-Mart avait probablement été opéré par les Celtes ; un puits déblayé en 1876 semble le prouver, car au lieu d'être construit à la mode romaine, il était soutenu par des morceaux de bois enchevêtrés.

En tout cas, il est sûr que les Romains ont exécuté d'importants travaux pour recueillir ces eaux et les employer en bains. Les débris, visibles dans le Parc actuel, montrent quelle était l'importance de l'édifice disparu.

Cependant les auteurs latins ou gallo-romains dont les œuvres sont parvenues jusqu'à nous, ne font point mention de ces thermes. Seules, les cartes géographiques romaines de Peutinger, qui montrent les voies sillonnant les Gaules, indiquent un établissement thermal dans le voisinage d'*Augusto-Nemetum* (nom de Clermont à l'époque gallo-romaine).

Les ruines de cet édifice n'ont été découvertes qu'en 1882 ; c'est en exécutant des travaux de terrassement dans le Parc que des jardiniers ont mis au jour ces intéressants vestiges, aujourd'hui classés parmi les monuments historiques.

Les substructions de l'antique édifice n'ont pas été entièrement déblayées. La partie que l'on voit actuellement comprend trois piscines rectangulaires, séparées les unes des autres par des murs de plus d'un mètre d'épaisseur. Ces murs, construits dans le style dit petit appareil romain, étaient tapissés jusqu'à une certaine hauteur de plaques en marbres, de couleurs très-variées. On a recueilli dans les décombres des marbres de Grèce, d'Italie et des Pyrénées, des porphyres, de la brèche rouge d'Afrique, etc. Ces plaques sont analogues à celles qui décoraient le temple de Mercure, au sommet du puy de Dôme.

Les thermes de Royat ont probablement été détruits vers la fin du v⁰ siècle par les hordes germaniques de Crocus ou par celles d'Euric. — « Tous les édifices, dit Sidoine Apollinaire qui vivait à cette époque, furent renversés de fond en comble. »

C'est dans les décombres de la construction gallo-romaine que Martius, depuis saint Mart, vint avec de pieux cénobites fonder la petite communauté qui devait plus tard être un important monastère. La légende rapporte que Martius fit des miracles, qu'il rendit la vue au père de Grégoire de Tours. Après sa mort il fut considéré comme saint et sa fête, qui tombait en avril, attirait à Royat un grand concours de pélerins. Le monastère et la chapelle y attenant, placée sous le vocable de saint Mart, furent érigés en prieuré au onzième siècle, et administrés par les bénédictins de l'abbaye de Saint-Alyre, près Clermont. Grâce aux dons de riches seigneurs, le prieuré prospéra et devint possesseur de propriétés et de moulins dans la vallée de la Tiretaine. Ces domaines furent vendus en 1793 comme bien nationaux.

En 1881, pendant les travaux de construction de l'avenue de Royat, on a mis à découvert une partie du cimetière mérovingien du monastère de Saint-Mart. — Une inscription datant du roi Théodebert figure au musée de Clermont.

Jusqu'au seizième siècle, l'histoire se tait sur les sources de Saint-Mart. En 1575, le géographe Belleforêt signale l'existence en ce lieu d'importantes constructions romaines. En

1605, le médecin Jean Banc décrit les sources
qu'il y a vues et démontre qu'elles ont été
connues et employées par l'antiquité. Plus tard
Buchoz et Legrand d'Aussy consacrent des
études aux eaux de Saint-Mart. — Mais aucun
aménagement ne permettait d'utiliser les rares
filets d'eau qui se faisaient jour dans les
décombres et les broussailles, sauf cependant
une sorte de masure connue sous le nom de
Bain-des-Pauvres. En 1835 un ouragan em-
porta cette construction, et depuis lors l'eau
minérale coulait improductive dans la Tiretaine.

Ce n'est qu'en 1843 que les habitants de
Royat tentèrent de sérieuses recherches pour
retrouver les sources thermales. Le curé, M.
Védrine, et le maire, M. Thibaud, avaient
remarqué depuis longtemps qu'en certains
points de la route et des terrains communaux
la neige fondait presqu'instantanément. C'est
dans ces endroits que des fouilles furent entreprises. Elles donnèrent des résultats inespérés.
A deux mètres de profondeur on trouva de
petites sources d'eau chaude et une piscine de

4 mètres de côté, alimentée par de l'eau à 35 degrés; tout près était une autre piscine de 1ᵐ60 de profondeur, qui communiquait par un aqueduc avec une pièce voûtée.

Dans ces fouilles on découvrit des fûts de colonnes en marbre blanc, des tuyaux de conduites, des fragments de sculptures et diverses plaques en marbre de couleur.

En 1852, lors de la construction de l'établissement moderne, on trouva beaucoup d'autres débris d'origine gallo-romaine, notamment un pied de statue que l'on peut voir au musée de Clermont.

En 1878, dans les fouilles exécutées pour les fondations du beau viaduc de la ligne de Clermont à Tulle, on rencontra de nombreuses maçonneries de petit appareil romain, liées par des ciments de la plus grande solidité. On découvrit aussi des poteries samiennes, des marbres de couleur, etc. Ces trouvailles prouvent que l'édifice thermal gallo-romain était de proportions grandioses. Il occupait toute la partie du parc qui longe l'avenue de Royat et s'étendait jusqu'au-delà du viaduc.

Les sources exploitées par l'Etablissement thermal actuel sont au nombre de quatre :

1° *La source Eugénie* qui alimente la grande buvette située sous un kiosque à l'extrémité ouest du parc. Son débit est très-considérable et dépasse de beaucoup celui des autres sources réunies ; il s'élève par jour à 1 million 400.000 litres, ou, par minute, à environ 1.000 litres. La température uniforme de cette eau minérale est de 35°, ce qui lui permet d'alimenter directement les baignoires et les piscines pour bains à *eau courante ;* chose précieuse évidemment puisque l'eau est utilisée telle qu'elle sort des profondeurs du sol, et n'a pas à subir soit un réchauffement, soit un refroidissement, qui lui ferait perdre son état électrique et dénaturerait sa minérali- sation.

C'est cette source que découvrirent les habi- tants de Royat lors des fouilles exécutées en 1843; mais son débit n'était alors que de 250 litres par minute. En 1853, de nouveaux tra- vaux furent entrepris ; on déblaya des dépôts calcaires et on attaqua à la mine des maçonne-

ies romaines liées par un ciment très-dur ; de
nouvelles gerbes d'eau minérale jaillirent,
mais, en même temps, une baisse sensible se
produisit dans le débit des autres sources
thermales.

2° *La source Saint-Mart*, appelée aussi *fontaine des goutteux*, alimentait avant 1835
quelques baignoires placées dans une modeste
construction au bord de la Tiretaine. Un ouragan avait tout détruit. En 1875, à la suite de
fouilles importantes, la source Saint-Mart fut
retrouvée et captée. Le puits principal est
situé à la base du puy Chasteix. L'eau est à
une température de 31 degrés ; si l'on y plonge
la main, elle se couvre en quelques secondes
de petites bulles transparentes qui indiquent sa
grande richesse en acide carbonique; dans le
verre elle pétille comme du champagne. L'ana-
lyse montre qu'elle contient des principes
alcalins unis aux éléments les plus toniques.
Elle renferme 35 milligrammes de *lithine* par
litre.

3° *La source Saint-Victor* a son puits dans
une construction romaine formant une curieuse

pièce en sous-sol, large de 10 mètres, longue
de 15, et recouverte par une voûte plate de
plus d'un mètre d'épaisseur. L'eau de cette
source est à la température de 20 degrés. Elle
contient beaucoup d'acide carbonique. Son
transport est facile et sa conservation certaine.
C'est la plus ferrugineuse des eaux de Royat;
en s'écoulant sur le sol elle dépose une quan-
tité notable d'oxyde de fer, d'une vive couleur
rouge.

4° *La source César*, qui alimente un petit
établissement à l'extrémité ouest du Parc,
donne non-seulement une eau médicinale fort
appréciée, mais aussi une excellente eau de
table dont se trouvent fort bien les personnes
en santé. C'est la moins minéralisée des sources
de Royat. Sa température est de 29 degrés.

A ces quatre fontaines exploitées par la
Compagnie des Eaux, il faut ajouter comme
appartenant au bassin minéral de Royat : la
source Fonteix [1], exquise eau de table qui se
transporte au loin sans aucunement s'altérer,

_____

(1) Voir aux annonces, page 6.

et la *source des Roches* (établissement Aubégny) très riche en acide carbonique [1].

D'où provient la minéralisation des eaux de
Royat ? Elles se font jour à travers des basaltes
et des dépôts calcaires : or, les premiers ne se
laissent pas dissoudre et les seconds ne peuvent
fournir que de l'acide carbonique. C'est donc
dans les profondeurs du sol qu'elles se char-
gent de leurs richesses. Un savant auteur dit :
« Les eaux thermales de Royat sont un petit
phénomène éruptif, une petite bouche volcanique d'eau minérale toujours ouverte sans
menacer personne, apportant au contraire la
santé ou le soulagement des maux. »

Disons quelques mots de l'action thérapeu-
tique des eaux minérales de Royat.

Ces eaux, qui ont beaucoup d'analogie avec
celles d'Ems (Allemagne), renferment à la fois
l'arsenic et la lithine. Elles sont prescrites
dans toutes les affections qui dérivent de l'arthritisme ou de l'anémie, Elles se prennent en

_____

(1) Voir aux annonces, page 12.

boisson, en inhalation et en bains à *eau courante*.

L'arthritisme sous toutes ses formes: *goutte, rhumatisme, gravelle, asthme*, etc., est combattu avec succès par l'eau de la source *Saint-Mart*. Cette eau, en effet, contient à dose importante les alcalins (surtout la lithine : 35 milligrammes par litre) qui détruisent l'acide urique dont la présence dans le sang et dans les tissus constitue l'affection arthritique. De plus, elle possède des principes toniques et reconstituants qui enrayent l'action débilitante des alcalins.

Contre l'anémie on emploie spécialement l'eau de la source *Saint-Victor*, qui renferme par litre, 56 milligrammes de fer et 4 milligrammes 1/2 d'arsenic. C'est la fontaine favorite des femmes et des jeunes filles qui, chaque année, viennent à Royat retrouver leurs forces perdues.

Les maladies de la gorge et de la poitrine sont aussi tributaires des eaux de Royat. Le traitement se fait par *aspirations, pulvérisations et inhalations*.

Orcines

Orcines est ce coquet village dont la flèche élancée pointe au-dessus des verdures, au milieu à peu près de la plaine qui va du pied du puy de Dôme aux premières pentes de la vallée de Clermont.

Il est le chef-lieu de l'importante commune dont dépendent tous ces jolis hameaux si connus des touristes: Fontanas, Sarcenat, Ternant, La Baraque, La Fontaine du Berger, Villars, Le Gressigny, Bonabry, etc.

L'étymologie du nom de ce village : *Orcinus* (funéraire) faisait soupçonner que la colline où ses maisons s'étagent était jadis une nécropole. On ne peut en douter aujourd'hui. Diverses fouilles récentes, notamment celles exécutées pour la construction de l'école des filles, ont amené la découverte de sarcophages en pierre, contenant des ossements.

Mais où se trouvait la ville dont cette nécropole dépendait ? — Il est probable qu'à l'époque gallo-romaine il n'existait point sur ce haut plateau de cité proprement dite ; on y voyait des villas de plaisance, habitées l'été

par les familles patriciennes d'Augusto-
Nemetum (Clermont actuel), puis des groupes
de maisons où logeaient les laboureurs et les
bergers. C'est ce qui résulte de fouilles faites
sur divers points. Ainsi, à quelques centaines
de mètres du village d'Orcines, au nord, on a
découvert les fondations de vastes constructions
romaines, des conduites d'eau, des plaques de
marbre, des pièces d'or, des poteries, etc. —
Plus loin, au lieu dit Chez-Vasson, un propriétaire, en fouillant le sol pour bâtir une maison,
a trouvé, au milieu de divers débris, un vase
rempli de pièces d'or, qu'un orfèvre lui a ache-
tées 1.800 francs.

En 1891, M. Gilbert Lefebvre, délégué
cantonal, a fondé à Orcines, dans sa propriété
(dite la villa de la Sous-Préfecture), et avec
le concours de l'Etat, une station météréologique où il fait quotidiennement des obser-
vations sur les divers phénomènes atmosphé-
riques. Cette station, munie d'excellents
appareils enregistreurs, a un intérêt marqué
en raison de la situation intermédiaire qu'elle
occupe par rapport à l'observatoire du puy

de Dôme et à celui de Rabanesse près Clermont. Le gouvernement a déjà reconnu les
services rendus par M. Gilbert Lefebvre en
lui décernant les palmes académiques, une
médaille de bronze et une autre d'argent.

La campagne, aux environs d'Orcines, est
extrêmement pittoresque; on peut y faire sans
fatigue les promenades les plus intéressantes
et les plus variées. L'air y est salubre et vivifiant. Tout enfin y appelle le touriste. Les
malades aussi se trouveraient fort bien d'un
séjour dans cette belle campagne. — Il est
d'ailleurs question d'y bâtir un sanatorium
au lieu dit puy Planta. Malheureusement
les moyens de communication avec Clermont sont par trop rudimentaires. Il est
surprenant qu'une Compagnie n'installe pas
entre cette ville et le puy de Dôme un tramway à traction électrique; d'autant plus que
des routes carrossables offrent leurs pentes
toutes réglées, ainsi que leurs trottoirs qui per-
mettraient d'éviter des achats de terrains.
Espérons pour les touristes et pour les habitants de la région qu'une voie de ce genre ne
se fera pas attendre longtemps.

Le puy de Dôme

Le puy de Dôme est le géant de cette chaîne
de monts volcaniques qu'en raison de leur forme
on appelle les monts Dômes. Il se dresse à
1465 mètres au-dessus de la mer. Il est moins
élevé que le pic de Sancy, mais son aspect est
plus imposant. Le Sancy, en effet, n'est que la
pointe la plus haute d'une suite de montagnes
qui s'étagent graduellement. Le puy de Dôme,
lui, surgit en cône isolé, à 500 mètres au-dessus
du vaste plateau qui le supporte.

Il n'a toutefois la forme d'un cône arrondi
que vu de Clermont ou de la Limagne. Lorsqu'on le considère du côté opposé, il se
silhouette en trapèze.

Ce mont est presque entièrement composé
d'une roche blanchâtre, tantôt dure, tantôt
friable, que l'on appelle *domite*, du nom du puy
lui-même. Il est probablement plus ancien que
les volcans, et a dû être témoin de l'éruption
enflammée des soixante-quatre cratères qui
s'ouvrent encore à sa droite et à sa gauche. A
sa base même, du côté opposé au col de Ceyssat,
se voit un ancien cratère, appelé *Nid de la*

Poule qui a provoqué le soulèvement du cône
voisin nommé *petit puy de Dôme,* et qui a inondé
la plaine, du côté de Royat, de scories volcaniques, cachées en grande partie aujourd'hui
par la végétation. C'est à l'extrémité de cette
coulée de lave, à la Font-de-l'Arbre et à Fontanas, que jaillissent les belles sources de la
Tiretaine.

Le temple gallo-romain.— Le sommet du
puy de Dôme est actuellement couronné par
un Observatoire météréologique. C'est en exécutant les fondations de cet édifice, en 1873-
1874, que l'on a mis au jour une partie des
substructions d'un vaste temple gallo-romain.
Quel était ce monument ? Se trouvait-on en
présence du temple dont parle Grégoire-de-
Tours dans son histoire des Francs ?— Voici
ce que dit cet auteur :

« Crocus ayant soulevé la nation des Ale-
« mans se répandit dans les Gaules et détruisit
« jusqu'anx fondements tous les édifices anciens.
« Arrivant à Clermont il brûla, ruina, renversa
« ce temple que les Gaulois dans leur langue

« appellent Vasso, monument d'un travail et
« d'une solidité admirables. Ses murs étaient
« doubles : ils étaient construits intérieurement
« en petites pierres, à l'extérieur en blocs carrés
« bien taillés ; cette muraille avait trente pieds
« d'épaisseur ; le marbre mêlé à la mosaïque en
« recouvrait les parois intérieures. Le pavé de
« l'édifice était aussi de marbre, et la couver-
« ture de plomb.»

Grégoire-de-Tours ne précise pas la date de
cette destruction, mais dit qu'elle s'est produite
sous le règne des empereurs Valérien et Gallien,
c'est-à-dire vers 260.

Frédégaire, chroniqueur du VIIᵉ siècle, prétend
que l'invasion de Crocus eut lieu en 407. —
Cette date est plus vraisemblable que la précédente.

Quoi qu'il en soit, l'existence d'un magnifique temple à Mercure, élevé à Clermont ou
aux environs, n'était pas douteuse. Pline l'Ancien, dans son *Histoire naturelle*, après avoir
décrit les statues colossales de son époque,
(il est mort en 79), ajoute :

« La dimension de toutes les statues de ce

« genre a été surpassée de nctre temps par le
« Mercure que Zénodore a fait pour la cité
« gauloise des Arverne   prix de 400.000
« sesterces pour la mai   œuvre pendant dix
« ans. Ayant suffisamment fait connaître là son
« talent, il fut mandé par Néron à Rome, où
« il exécuta le colosse destiné à représenter ce
« prince.

« Pendant qu'il travaillait à la statue des
« Arvernes, il copia pour Avitus, gouver-
« neur de la province, deux coupes ciselées
« par Calamis, que Germanicus, qui les aimait
« beaucoup, avait données à son précepteur,
« oncle d'Avitus. L'imitation était si parfaite
« qu'à peine pouvait-on apercevoir quelques
« différences avec l'original. »

Il est probable que la statue et le temple
étaient voisins l'un de l'autre. Où trouver pour
ces œuvres grandioses un plus beau piédestal
que ce puy majestueux, ce roi du paysage, dont
la tête s'aperçoit de Bourges aux Cévennes ?—
Disons tout de suite que la statue géante n'a
pas été retrouvée. Elle a probablement été
fondue. Peut-être son airain résonne-t-il dans
les cloches des vieilles églises de la contrée.

Mais les ruines que l'on déblayait en 1873
au sommet du puy de Dôme, étaient bien celles
du temple à Mercure dépeint par Grégoire-de-
Tours. Divers objets trouvés dans les fouilles
vinrent en apporter les preuves :

1° C'est la plaque votive de bronze, dont
nous avons parlé en décrivant le musée de
Clermont. Cette plaque porte une inscription
latine que l'on a traduite ainsi :

*Aux divinités augustes et au dieu Mercure
Domien Matutinius Victorinus l'a dédié.*

Certains remplacent *Domien* par *Dumiate*
et voient dans ce mot un qualificatif du Dieu :
Mercure Dumiate ou du Dôme.

2° Deux fragments de marbre blanc de
Carrare trouvés dans les déblais à peu de distance l'un de l'autre. Le plus petit porte une
lettre du beau caractère lapidaire du Ier siècle,
un M, initiale du mot Mercure. Sur l'autre,
figurent les cinq lettres : C V R I O, de même
dimension et caractère que l'M du premier frag-
ment. Il ne manque donc que les lettres E R
pour compléter le nom du Dieu :

M . . C V R I O

3° Des plaques de revêtement en porphyre et en marbres variés; des débris de mosaïques; des fragments de la couverture en plomb dont parle Grégoire-de-Tours.

Signalons enfin parmi les nombreux objets retirés des déblais : une statuette votive en bronze représentant un taureau, — dédiée sans doute à Mercure, protecteur des troupeaux et des bergers; des fers de lance; des médailles de bronze; des débris de vases en poterie vernissée.

La chapelle de Saint-Barnabé. — Au moyen-âge, une chapelle fut élevée au sommet du puy de Dôme, avec les matériaux du temple ruiné. On n'en trouve plus trace aujourd'hui. Elle fut dédiée à saint Barnabé, ce qui est étrange, car habituellement saint Michel succédait à Mercure au sommet des monts consacrés à ce dieu : plusieurs noms de localités en font foi ; citons, par exemple, en Vendée, Saint-Michel - Mont - Mercure et Saint - Michel - en-l'Herm (d'Hermès, nom grec de Mercure).

Cette chapelle avait été donnée par les comtes d'Auvergne au prieuré d'Orcival, à charge

par le prieur d'y célébrer la messe chaque
année, le jour de la fête de saint Barnabé, qui
a lieu le 11 juin. Cette cérémonie tomba peu à
peu en désuétude, parce que la chapelle passa
pour être profanée par les réunions nocturnes
des sorciers de la région.

Un conseiller au Parlement de Bordeaux,
Florimond de Rémond, raconte qu'une femme
du Limousin qu'il eut à juger, en 1594, déclara,
lorsqu'elle fut *questionnée,* avoir assisté souvent
aux sabbats qui se tenaient au sommet du puy
de Dôme le mercredi et le vendredi. — Plus de
soixante sorciers, disait-elle, se trouvaient là,
ayant à la main une chandelle noire qu'ils
allumaient à celle que le bouc portait entre les
cornes. Une messe à rebours était célébrée. Puis
les chefs de l'assemblée distribuaient des *états*
et *métiers* de sorcellerie dont le but était de
jeter des sorts sur les gens, de faire périr les
animaux et les biens de la terre.

On s'étonne parfois que des constructions
aussi importantes que le temple gallo-romain,
et même la chapelle de saint Barnabé, aient

laissé si peu de débris, et qu'il n'en subsiste guère que les fondations. Cela s'explique sans peine : Les habitants de la contrée ayant trouvé là une carrière de pierres toutes taillées, y ont puisé pendant des siècles et n'ont laissé que ce qui leur paraissait trop difficile à enlever.

L'expérience de Pascal. — Le baromètre venait d'être découvert par Torricelli. Pascal songea à l'appliquer à la mesure des altitudes, et, sur ses indications, son beau-frère Perrier, conseiller à la cour des aides de Clermont, fit au puy de Dôme, le 19 septembre 1647, une expérience décisive.

Accompagné de quelques savants de Clermont, M. Perrier partit à cinq heures du matin pour le puy de Dôme, après avoir constaté la hauteur barométrique dans le jardin du couvent des Minimes, situé près la place de Jaude. Arrivé au sommet du puy, il remarqua que le mercure avait baissé de trois pouces une ligne et demie. Il répéta l'expérience cinq fois, tantôt à découvert sur divers points du sommet, tan-

tôt à l'abri dans la chapelle de saint Barnabé :
le mercure se maintint toujours au même
niveau. En revenant à Clermont, il fit à la Font-
de-l'Arbre une nouvelle expérience et constata
que le mercure s'était relevé d'un pouce et trois
lignes. Enfin, de retour au jardin des Minimes,
il lui fut déclaré que le baromètre laissé en
observation dans ce lieu avait marqué toute la
journée la même hauteur.

L'Observatoire. — L'installation de l'Observatoire météréologique est due surtout à l'initiative et au zèle de M. Alluard, professeur à la
Faculté des sciences de Clermont. Les travaux
ont été commencés en 1873, sous la direction
de M. Gantié, ingénieur en chef des ponts-et-
chaussées.

L'édifice se compose d'une tour circulaire
surmontée d'une plateforme où sont installés
les appareils de météréologie qui peuvent être
laissés à l'air libre. Cette tour communique
par un souterrain avec l'habitation du Directeur, située à 30 mètres de distance environ.

Telle est cette belle montagne, dont l'ascension se fait sans danger, sans fatigue sérieuse même, et que Georges Sand compare à un majestueux belvédère d'où les descendants des Gaulois peuvent admirer les beautés et les richesses d'une immense portion du pays natal.

FIN.

Table des Matières

DEUXIÈME PARTIE

RENSEIGNEMENTS GÉNÉRAUX

INSTITUTION MASSILLON

7, rue Gaultier-de-Biauzat, 7
et 4, rue Abbé-Banier, 4

CLERMONT-FERRAND

Directeur : P. VALLIER

Ancien Professeur de l'Université
Membre du Conseil Académique de Clermont
pour l'enseignement libre

Préparation aux baccalauréats, soit classique, soit moderne, ainsi qu'aux examens des écoles commerciales, industrielles ou d'agriculture, et de l'Institut Agronomique.

Cet établissement se distingue des maisons similaires par son installation confortable, l'organisation spéciale des cours, les soins particuliers donnés à la préparation de tous les examens du ressort de l'enseignement secondaire et les nombreux succès qui sont la consécration de cette organisation.

Pas d'agglomérations nombreuses : les classes sont de cinq à six élèves au maximum et sont subdivisées en sections séparées quand elles dépassent ce chiffre.

Pas de dortoirs, ni de réfectoires : il y a des chambres très confortables pour un nombre maximum de vingt pensionnaires, prenant leurs repas à la table de famille du Directeur, qui concilie les exigences de la bonne tenue et de la discipline avec les soins de la vie familiale.

L'externat est l'objet de la même sollicitude.

Une classe élémentaire ayant son organisation toute spéciale, reçoit les enfants depuis l'âge de huit ans.

Envoi du prospectus détaillé sur demande

SOURCE

CLERMONT-Fd (Puy-de-Dôme)	DE LA	CLERMONT-Fd (Puy-de-Dôme)

VALLIÈRE

UNIQUE AU MONDE

Sans Similaire — Comme sans Rivale

Antiseptique - Eupeptique - Anticatharrale par excellence

AFFECTIONS DES VOIES RESPIRATOIRES

Maladies du Sang

Maladies de l'Estomac et du Tube Digestif

AFFECTIONS GÉNITO-URINAIRES

Cette eau est d'une efficacité qui laissse bien loin derrière elle les vertus des autres eaux minérales et surtout des préparations chimiques artificielles, qui ne peuvent arriver à la synthèse exacte de sa composition.

Par sa minéralisation unique et spéciale, elle joint aux précieuses qualités des eaux minérales les mieux cotées, un dosage bien supérieur et une juste proportion de Goudron minéral en plus. Comme usage interne, employée en boisson, en inhalations, en gargarismes, elle détrône les eaux sulfureuses qui ne peuvent être administrées comme eaux de table.

Autorisation de l'Etat — Approbation de l'Académie de Médecine sur le rapport favorable de M. le Professeur Bouchardat.

Sanction de la Société Française d'Hygiène

MÉDAILLES D'OR — DIPLOMES D'HONNEUR — GRANDS PRIX
HORS CONCOURS

AVIS. — Pour donner pleine satisfaction aux Consommateurs et au Corps médical, l'administration a l'honneur d'informer Messieurs les Docteurs, qui voudront se rendre agréables à leur clientèle que toute demande portant leur signature, adressée directement à M. **L. Bourgoin**, concessionnaire, 73, boulevard Voltaire, Paris (minimum : 10 bouteilles), sera livrée à domicile, dans Paris et la banlieue, aux conditions ci-après :

à 80 centimes la Bouteille (Tarif réduit) [1]

Expédiée de la Source (rendue en gare de Clermont-Ferrand) le port à la charge de l'ACHETEUR

La Caisse de 25 bouteilles. 18 fr.
—   50   —   35 »

(FRANCO D'EMBALLAGE)

*Demander l'Etude pratique sur l'***Eau de la Vallière*** et* **Prix-Courant**

Vente au Détail dans les Pharmacies et chez les March^ds d'Eaux Minérales
EFFICACITÉ, ÉCONOMIE, GARANTIE, SÉCURITÉ, PROBITÉ

NOTA. — Les expéditions directes de la Source se font contre remboursement ou mandat-poste.

(1) Pour la vente en province et à l'Etranger, les prix sont susceptibles de varier selon les Villes et les Dépositaires. Pour les expéditions directes de la source, les prix restent conformes aux tarifs. Le tarif réduit étant seulement accordé sur la signature d'un Médecin, pour les suppléments ou renouvellements, avoir soin de rappeler le nom du Docteur.

SOURCE FONTEIX

Eau Minérale naturelle de Royat

GLACIÈRE AUBÉGNY

A l'entrée même de la Station Thermale de Royat. Ne pas oublier de visiter la **SOURCE FONTEIX**, une des plus anciennes de Royat, remarquable par son acide carbonique, recommandée par MM. les Médecins ; souveraine dans les Dyspepsies, Affections rhumatismales, Goutte, Gravelle, Maladies de la vessie, Anémie, Eczéma.

La **SOURCE FONTEIX**, dont la température est de 17°, possède des qualités essentiellement appréciables pour la conservation de ses principes minéraux dans l'embouteillage. Elle se conserve pendant des années sans subir aucune altération. — *Elle est très recommandée.*

Voir également dans la propriété même de la **SOURCE**, une superbe installation de *Machine Frigorifique*, une des dernières perfections, pour la fabrication de la

GLACE ARTIFICIELLE

La **SOURCE FONTEIX**, se recommande aux personnes qui viennent à Royat chercher la santé, par son efficacité dans le traitement, et son prix minime pour les cures à domicile.

Adresser les commandes, à M. **DELOBEL-AUBÉGNY**, *seul concessionnaire de la* **Source** *et de la* **Glacière**.

Sciences Occultes

MICHAËL-LEPAYTRE

Professeur d'Occultisme

Enseignement des sciences Spiritualistes et d'art Magique — Kabbale — Magie — Alchimie — Egyptologie et Orientalisme.

Sociétés occultes — Divination — Magnétisme — Hypnotisme — Force psychique — Spiritisme — Télépathie — Théosophie pure et Martinisme, etc...

M. MICHAËL, tient à la disposition de ses élèves, une **Bibliothèque** de tous les ouvrages Anciens et Modernes traitant la question, et il peut en outre les leur procurer dans de bonnes conditions.

LEÇONS THÉORIQUES ET PRATIQUES

d'après les maîtres de l'art Anciens et Modernes

Reçoit tous les jours, le Matin de 9 heures à Midi et le Soir de 3 heures à 7 heures.

Conférences et démonstrations dans petits Groupes ou dans Famille

10, Place Chapelle de Jaude, 10

au premier étage

CLERMONT-FERRAND

Restaurant Châteaubriand

OUVERT DEPUIS LE 9 MAI 1899

Hippolyte BAJON

32, Place de Jaude

Clermont - Ferrand

Ce nouvel Etablissement, situé au premier étage, six fenêtres de façade avec balcon, est un des mieux placés de la ville ; très bien agencé, il est spécialement disposé pour les **RÉUNIONS DE FAMILLE.**

Cuisine absolument soignée

SERVICE IRRÉPROCHABLE

EXCELLENT VIN ORDINAIRE & VINS FINS

Grands crûs de Bordeaux, Bourgogne, Champagne

LIQUEURS DE MARQUES

ON PREND DES PENSIONNAIRES

Maison recommandée à MM. les Touristes, Baigneurs des stations thermales, Royat, Vichy, Mont - Dore, Bourboule, etc.

PRIX MODÉRÉS

Eaux Minérales des Roches

ÉTABLISSEMENT AUBÉGNY

(Maison fondée en 1840)

La réputation des Eaux gazeuses des **Roches** est faite depuis longtemps. Ces eaux froides chargées d'acide carbonique, pétillantes et gazeuses, sont trop connues pour que nous insistions sur leurs propriétés tonique et digestive, elles sont trop appréciées pour que nous essayions nous-mêmes de faire leur éloge.

Situées à la porte de Clermont, sur la route de Royat, dans un joli jardin aux pieds des montagnes pittoresques qui entourent Clermont de leur grandiose amphithéâtre : ces eaux reçoivent tous les ans la visite des malades qui recouvrent la santé, et celle des touristes qui viennent en Auvergne, comme dans la Suisse française, chercher quelques instants de repos, de distraction ou de plaisir.

Les eaux des **Roches** se conservent parfaitement ; pour l'expédition les tenir couchées à la fraîcheur.

Fabrique des Limonades et Eaux de Seltz

au Gaz naturel de la Source des « ROCHES »

· *USINE A VAPEUR* ·

Jeux divers installés dans le grand jardin avec tonnelles pour les dégustations.

EXPORTATION

S'adresser pour les commandes à **M. AUBÉGNY**, propriétaire de l'Établissement, aux **Roches**, ou à l'entrepôt général, à **CLERMONT-FERRAND, rue Saint-Louis, 8.**

Fontaine Pétrifiante

DES GROTTES DU PÉROU

de Saint-Alyre

Rue Gaultier-de-Biauzat, CLERMONT-FERRAND

CLÉMENTEL aîné, propriétaire

BAIGNEURS ET TOURISTES

venez visiter les fameuses

Fontaines Pétrifiantes des Grottes du Pérou

DE SAINT-ALYRE

Vous remarquerez des **Sujets** les plus variés travaillés par nos fameuses **Sources.**

Allez également au **Magasin** voir les vitrines renfermant des *Médailles, Camées, Bas-Reliefs*, etc., surtout la collection des **Types Auvergnats :** *Danse, Noce, un Marché, les Foins*, etc., qui sont le plus intéressant souvenir à emporter de l'Auvergne, par leur curiosité exceptionnelle.

ETABLISSEMENT HIPPIQUE

Ecole d'Equitation et de Dressage

DE CLERMONT-FERRAND

Leçons de Manège

Location de Chevaux et Voitures

en tous genres

pour promenades, excursions, voyages, etc.

Station à Royat près le Viaduc

DIRECTEUR-PROPRIÉTAIRE

TACHET

Médecin-Vétérinaire de la Ville

1er Lauréat des Ecoles Nationales

CLINIQUE, CHIRURGIE, PENSIONS, INFIRMERIES

Boulevard Désaix et rue Lamartine

Grands Vins de Bordeaux

MAISON FONDÉE EN 1870

EVARISTE LIZIÉ

Propriétaire-Négociant

9, Rue Ségalier, BORDEAUX

VINS ROUGES, des premiers crûs, tels que :

Montferrand, Talence, Saint-Emilion, Pomerol, Saint-Estèphe, Saint-Julien, Margaux, Pontet-Canet, Léoville, Larose, Giscours, etc.

VINS BLANCS, les plus renommés :

Graves, Cerouse, Barsac, Sauternes, Château-Yquem, etc.

SPIRITUEUX :

Cognacs, Fines et Grandes Fines Champagnes, Rhums Martinique et Jamaïque vieux, en fûts et en Bouteilles.

VINS FINS ÉTRANGERS :

Madère, Malaga, Porto, Xérès, Marsala, Muscats, Chypre, Malvoisie, Rota, etc.

MAISON ENTIÈREMENT DE CONFIANCE

Nota. — Envoi sur demandes du **PRIX COURANT**, acceptation d'Agents dans toutes les villes où la Maison n'est pas représentée·

A TRIANON

Mercerie, Bonneterie

PARFUMERIES DE MARQUES

OBJETS DE FANTAISIES, DENTELLES, etc,

Chaussettes, Bas, Chemises, Caleçons

GRAND ASSORTIMENT DE CRAVATES
haute nouveauté

RAYON SPÉCIAL DE CORSETS
des meilleures fabriques

Madame HENRY

Propriétaire
Rue Blatin, 13, Clermont-Fd

La Maison se recommande par l'excellente qualité
de ses Marchandises.

GRANDS MAGASINS DE BIJOUTERIE

Joaillerie, Orfèvrerie, Argent et Vermeil

Anc^ne Maison PÉRET frères

Félix BOUCHET, Suc^r

PLACE ROYALE ET RUE MASSILLON, 1

Clermont-Ferrand

Spécialité pour Mariages

GRAND CHOIX DE BRILLANTS

Montres remontoirs, Chronomètres

Or, argent, nickel, et acier

BAGUES FIANÇAILLES

Bijoux anciens d'Auvergne

Couverts et Orfèvrerie Christophle

COUTELLERIE RICHE

Services de Table complets

Maison de confiance, fondée en 1805, la plus ancienne de la région possédant le plus riche et le plus grand assortiment.

11

Maison GAUMET-COHENDY

10, Rue Massillon, CLERMONT-Fd

(Plateau Central, derrière le Monument des Croisades)

SUCCURSALE : Rue des Gras, 7

Fabrique de Poteries d'Auvergne

OBJETS ET FAIENCES D'ART

Porcelaines, Verreries et Cristaux

SPÉCIALITÉ DE SERVICES DE TABLE EN TOUS GENRES

Articles pour Pensionnats, Hôtels et Limonadiers

LOCATION DE SERVICES COMPLETS

pour Banquets, Noces et Soirées

LINGE ET ÉCLAIRAGE

Seul Dépôt de l'or adhésif de Lewens (S. G. D. G.)

Pâte pour éclaircir tous les métaux

Encaustique pour Meubles et Parquets

CHOCOLAT ET THÉ

TRUFFES NOIRES DU PÉRIGORD

Articles spéciaux pour Etrennes

N. B. — La Maison entièrement réinstallée dans ses nouveaux Magasins, les mieux assortis de la Région, possède un choix considérable de marchandises défiant toute concurrence.

MESSAGERIES

MARCHE-ROBERT

Correspondant de la Gare de Royat

25, Rue Blatin, 25

CLERMONT-FERRAND

OMNIBUS ET TRAMWAYS

desservant tous les trains de la gare de Royat

SERVICE SPÉCIAL DE

Landaus, Victorias, Coupés et Breaks

pour toutes les excursions à faire aux environs de Clermont, etc.

Maison recommandée à MM. les BAIGNEURS et TOURISTES des Stations Thermales

Voitures pour

MARIAGES, CÉRÉMONIES ET VISITES

ENTREPRISES PARTICULIÈRES DE DÉMÉNAGEMENT POUR TOUS PAYS

Corbillards de 1re, 2e, 3e classes, pour l'extérieur et Voitures de Deuil

SÉCURITÉ ET CONFIANCE ABSOLUE

— PRIX TRÈS MODÉRÉS —

N. — Bureau à Royat-les-Bains (près le Parc de l'Etablissement)

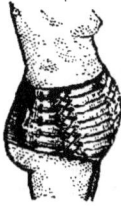

FABRIQUE de BOUCHONS

DES

Départements du Centre

Maison fondée en 1840

Vve VILLEMAGNE-RIOCOUR

2, RUE DE L'HOTEL-DIEU, CLERMONT-F^d

ARTICLES DE CAVES

SOUFRE, BOUDE ET VÉZIAN

Verdets des premières Marques

Bouchons cylindriques, coniques ou droits, pour litres, demi-litres et topettes; pour tonneaux et demi-muits; à greffer, fendus ou perforés.

Spécialités pour Pharmaciens

PLANCHES A INSECTES

Fossets; Porte-Bouteilles, ouverts ou fermés; Hérissons de toutes grandeurs; Filtres et Papiers-filtres de " Laurent "; — Goupillons; Rince-Bouteilles; Alphabets chiffrés et Mèches; Tabliers noirs treillis; Bouteilles de toutes provenances.

Seule dépositaire de la poudre **MERLE,** *garantie pour le collage des vins.*

ROBINETS BOIS DE TOUTES DIMENSIONS

PRIX ABSOLUMENT MODÉRÉS

FABRIQUE DE BACHES

et articles de *MEUNERIE*

❖ PULBY ▪ PINEL ❖

44, rue Ballainvillers, 44, CLERMONT-FERRAND

Tamis en tous genres. — Soies à bluter les farines. — Meules et Marteaux de Moulins. — Sacs à blé et à farine. — Bascules. — Huiles à graisser. — Toiles et grillages mécaniques.

Stores au mètre et sur mesure

On peut se rendre compte de la qualité irréprochable de toutes les Marchandises vendues

FABRIQUE DE CHAISES

en tous genres

Rémy BRAVY

33, rue Ballainvillers, 33. CLERMONT-FERRAND

SPÉCIALITÉ DE CHAISES DE SALLE A MANGER

Chêne clair, vieux chêne, noyer, hêtre, etc., en tous styles

Chaises d'enfants et tabourets demi-dossiers en tous genres

Empaillage de fantaisie, couleurs variées

RÉPARATIONS DIVERSES

Fournitures pour Hôtels et Limonadiers

Prix exceptionnels défiant toute Concurrence

Table Alphabétique
des Annonces Commerciales & Industrielles
DU GUIDE

CLERMONT-FERRAND

IMPRIMERIE TYPOGRAPHIQUE ET LITHOGRAPHIQUE

MALLEVAL

8, PLACE DE LA TREILLE

www.ingramcontent.com/pod-product-compliance
Lightning Source LLC
Chambersburg PA
CBHW072015080426
42733CB00010B/1715